CB004494

Andrew Wilson é um de meus ~~~~~~~~~~~~~~~~ lembra o motivo. Ele demonstra o talento de entrelaçar a teologia bíblica com ilustrações do cotidiano que me levam a adorar a Deus. Neste livro, você conhecerá a Palavra de Deus de forma mais profunda. E nunca mais verá o mundo da mesma forma.

Collin Hansen, diretor editorial de The Gospel Coalition
e apresentador do *podcast* Gospelbound

Ao ler cada capítulo, fiquei novamente maravilhada com a bondade de Deus em instruir seus filhos com tanto cuidado.

Jen Wilkin, autora de *None like him*

A criação sempre teve a intenção de apontar para além de si mesma, e Andrew Wilson nos mostra as inúmeras e maravilhosas maneiras pelas quais isso acontece. Este livro está repleto de profundas reflexões e alimento espiritual em cada uma de suas páginas. Eu me vi levado a Cristo de muitas maneiras surpreendentes e renovadoras, e me senti incentivado a adorar um Deus de tanta graça e beleza.

Sam Allberry, pastor e autor

Um livro precioso de Andrew, um daqueles que eu não queria que terminasse. Ver Deus por meio de tudo o que ele fez é puro deleite.

Terry Virgo, fundador da Newfrontiers

Que livro maravilhoso! *O Deus de todas as coisas* chamou minha atenção desde o início, fazendo-me lembrar de que todas as obras de Deus — e, quando digo todas, refiro-me realmente a todas — proclamam sua glória. Desde arcos-íris até jumentos e ferramentas do dia a dia, as coisas desta vida realmente revelam o Deus da vida. Este livro é um guia encantador para aprender a ver as coisas como elas verdadeiramente são.

Hannah Anderson, autora de *Turning of days:*
lessons from nature, season, and Spirit

O DEUS DE TODAS AS COISAS

O DEUS DE TODAS AS COISAS

REDESCOBRINDO O SAGRADO NO MUNDO COTIDIANO

Tradução
BRUNO ECHEBESTE SAADI

ANDREW WILSON

THOMAS NELSON
BRASIL®

PRODUÇÃO EDITORIAL	Fabiano Silveira Medeiros
COPIDESQUE	Danny Charão
REVISÃO	Shirley Lima, Pedro Marchi e Isaíldes Oliveira
DESIGN DE CAPA	Gabê Almeida
ILUSTRAÇÃO	Guilherme Match
PROJETO GRÁFICO E DIAGRAMAÇÃO	Sonia Peticov

Dados Internacionais de Catalogação na Publicação (CIP)
(Câmara Brasileira do Livro, SP, Brasil)

W719d Wilson, Andrew
1.ed.   O Deus de todas as coisas: redescobrindo o sagrado no mundo cotidiano/ Andrew Wilson; tradução Bruno Echebeste Saadi. – 1.ed. – Rio de Janeiro: Thomas Nelson Brasil, 2025.
      208 p.; 13,5 x 20,8 cm.

      Título original: God of all things: rediscovering the sacred in an everyday world
      ISBN 978-65-5217-183-2

      1. Ecumenismo. 2. Pneumatologia. 3. Pentecostalismo. 4. Teologia sistemática. I. Bezerra, Maurício. II. Título.

11-2024/86   CDD 230

Índice para catálogo sistemático: Teologia cristã: Cristianismo   230
Bibliotecária responsável: Aline Graziele Benitez – CRB-1/3129

Rua da Quitanda, 86, sala 601A - Centro,
Rio de Janeiro/RJ - CEP 20091-005
Tel.: (21) 3175-1030
www.thomasnelson.com.br

Para Andy e Janet Johnston,
que me ensinaram a ser pastor
e me mostraram como pregar a partir das coisas.

SUMÁRIO

SEGUNDA PARTE: NOVO TESTAMENTO

PREFÁCIO

Em que momento um edifício é mais do que um edifício?
Enquanto eu lia o livro que você agora tem em mãos, percebi minha mente indo de volta para a igreja da minha infância. Passei muitas manhãs de domingo no santuário da Primeira Igreja Metodista Unida de Wichita Falls, no Texas. Cidades pequenas no Texas são lugares inesperados para um encontro com a grandiosidade, mas os ricos barões do petróleo do início do século 20 deixaram para trás algumas joias arquitetônicas. Essa igreja metodista foi projetada ao estilo de uma catedral gótica, com seu imenso santuário envolto por vitrais e esculturas, e uma enorme janela preenchendo a capela principal.

Agora que dou aulas em tempo integral sobre a Bíblia, gostaria de dizer que sempre prestava muita atenção ao sermão de domingo. Mas a verdade é que, com frequência, minha atenção se desviava — para as janelas, as esculturas e os itens guardados no suporte do banco à minha frente. Lá, ao lado do hinário e da lista de presença, havia um pequeno livreto intitulado *Eye gate: sermons in symbols* [Porta dos olhos: sermões em símbolos], escrito por Eleanor M. Robbins. O livreto estava repleto de explicações das imagens que me cercavam em vidro, pedra e madeira, cada uma delas cuidadosamente escolhida para ensinar uma verdade sobre Deus.

Embora muitas vezes eu falhasse em ouvir atentamente o sermão, mesmo assim aprendi que as janelas pontiagudas e os arcos do santuário haviam sido projetados para se assemelhar a mãos dobradas em oração. Aprendi que os sete degraus da ala central da igreja até o altar simbolizavam as sete características do Cordeiro mencionadas em Apocalipse 5. A rosácea continha seis pombas para representar os dons do Espírito profetizados em Isaías 11:1-2. Havia romãs e lírios, estrelas e chamas, espinhos, cálices e trevos — cada imagem ou item ecoando uma verdade bíblica. Os lustres foram projetados para se assemelhar a incensários, representando as orações dos santos subindo até Deus. Na face do púlpito, havia um monograma entrelaçado com as letras gregas alfa e ômega. Todo o edifício pregava a Palavra de Deus por meio da simbologia, tudo sem pronunciar uma palavra sequer.

Em que momento uma rosácea é mais do que uma rosácea?

Seguindo a tradição dos arquitetos medievais góticos da Europa, os arquitetos da Primeira Igreja Metodista Unida construíram um edifício não apenas para deslumbrar os olhos, mas também para nos ensinar. De forma deliberada e habilidosa, eles projetaram um espaço que repete as palavras da Escritura de uma forma memorável através da pedra, do vidro e da madeira. Qualquer visitante que passe pela igreja, seja cristão ou não, fica maravilhado com a beleza do espaço que eles projetaram. Mas aqueles que reconhecem seus símbolos são levados à adoração e à evocação.

A Bíblia também é obra de um arquiteto, embora algumas vezes nos esqueçamos disso. Por meio da ponta da pena de autores humanos, esse Arquiteto divino preencheu nosso texto sagrado com imagens cuidadosamente escolhidas. Muitos leitores têm observado a poesia da Bíblia ou suas narrativas históricas, mas aqueles que apreciam suas imagens são levados à adoração e à evocação. Cada um dos autores dos 66 livros da Bíblia compartilha algo em comum com os construtores de catedrais: o compromisso de ensinar de modo memorável, por meio da repetição, o que é verdadeiro sobre Deus.

Em que momento uma montanha é mais do que uma monta-
nha? Quando um jardim é mais do que um jardim?

Vivemos em uma época na qual nossos sistemas educacionais frequentemente falham em nos ensinar a ler literatura de uma forma adequada — com um olhar para a intenção do autor. Abordamos um livro a partir do pressuposto de que é nossa tarefa atribuir-lhe significado, perguntando: "O que este livro significa para mim?". Mas o verdadeiro trabalho do leitor, quando compreendido corretamente, não é atribuir seu próprio significado pessoal a um texto, mas, sim, descobrir o significado que o autor pretende transmitir. Nenhum autor se senta para escrever sem antes considerar o que deseja comunicar e de que forma pretende fazê-lo — o projeto arquitetônico por trás do que está escrevendo. Nenhum autor pega a caneta ou coloca os dedos no teclado sem primeiro perguntar: "Como posso ajudar meu leitor a alcançar a compreensão adequada da minha mensagem?".

Se nos falta um olhar perspicaz, atento à intenção do autor, chegamos ao texto em desvantagem. E isso é especialmente trágico quando estamos lendo a literatura mais importante já escrita: a Palavra de Deus. Lemos suas palavras e saímos com um significado simples ou pessoal, mas perdemos de vista o significado mais profundo. Somos como um visitante casual da catedral, maravilhados com sua grandeza arquitetônica, mas inconscientes dos símbolos cuidadosamente escolhidos pelo arquiteto para nos atrair à adoração e à evocação. Nossos olhos não estão treinados. Falhamos em ver adequadamente.

Este livro é uma "porta dos olhos". Em que momento uma montanha é mais do que uma montanha? Quando os jardins, as árvores, o vento, os animais ou até mesmo os instrumentos musicais são mais do que eles próprios? Isso ocorre quando eles são destinados a nos levar a uma compreensão mais profunda, no momento em que aquele que os criou os usa para ensinar a quem ele ama. A arquitetura literária da Bíblia supera, em grande medida, o esplendor de qualquer catedral. Ela emprega temas e imagens que se repetem e são esculpidos em 66 livros por quarenta autores diferentes ao longo de 1.500 anos. O resultado é simplesmente impressionante e digno de uma vida inteira de estudo. Aprender a linguagem em camadas da Bíblia nos leva a uma adoração mais profunda. E suas palavras e imagens não são uma fórmula secreta ou um anel decodificador mágico para entender a Bíblia. São simples ferramentas de aprendizado, utilizadas deliberada e generosamente, as quais nos são entregues por Deus para que as palavras de seu livro possam penetrar com profundidade nossa alma.

Sabendo que os cidadãos de Wichita Falls, Texas, talvez nunca visitassem as grandiosas catedrais góticas da Europa, Eleanor M. Robbins preservou amorosamente esse legado arquitetônico para uma nova geração de fiéis. Em *O Deus de todas as coisas*, Andrew Wilson fez algo muito semelhante por você. Aqui está um convite para ver o que gerações de crentes antes de nós viram, para que possamos entrar no espaço sagrado das Escrituras e erguer nossos olhos. Ao ler cada capítulo, fiquei novamente maravilhada com a bondade de Deus ao instruir seus filhos com um cuidado tão gentil. Com amor e eloquência, Andrew desvenda para nós os projetos e aponta os detalhes. Ele nos estende um convite para adorar e evocar, e para receber a bênção que é dada a todos aqueles a quem o Espírito vivifica: "Mas felizes são os olhos de vocês, porque veem" (Mateus 13:16).

— Jen Wilkin, professora de estudos bíblicos e escritora cristã.

AGRADECIMENTOS

Sempre que escrevo um livro, recebo muito mais ajuda do que mereço. Parte dessa ajuda vem de forma prática: livros, espaço, café, pessoas que cuidam de meus filhos, tempo para ler e refletir. Outra parte vem em forma teológica, enquanto as pessoas me ensinam o que dizer ou como dizer. Uma terça parte vem em forma de encorajamento e oração, que é de onde realmente vem o verdadeiro poder. Agradeço em particular a Hannah Anderson, Judith Barnett, Terri Belsey, Matt e Lauren Chandler, Addis Douglas, Martyn e Gaynor Dunsford, Richard e Jenny James, Andy e Janet Johnston, Carl e Caren Jones, Scott Jones, James Jordan, Simon e Annie Knightley, Peter Leithart, os presbíteros e administradores da King's Church London, Ryan Pazdur, Matt Reynolds, Rob Tervet, Steve e Deb Tibbert, a todos na Urban Ground, Charles e Julia Wilson e Erik Wolgemuth. E, acima de tudo, obrigado a Rachel, que há quinze anos me ama, ensina, incentiva, trabalha comigo e ora por mim, além de me fazer rir. Quem encontra uma esposa encontra algo bom.

INTRODUÇÃO

AS COISAS DE DEUS

Quantas são as tuas obras, SENHOR!
Fizeste todas elas com sabedoria!
A terra está cheia de seres que criaste.

— SALMOS 104:24

Deus não precisava criar um mundo material. Ele poderia ter feito um universo inteiramente espiritual, sem matéria ou leis físicas. Ele poderia ter criado os anjos e parado por aí. Poderia ter decidido não criar nada e continuar se regozijando na comunhão da Trindade por toda a eternidade.

Mas, em vez disso, ele fez um universo repleto de coisas. Objetos. Coisas materiais. Planetas, clima, cores, animais, vegetais, minerais. Pessoas completas, com nariz, rins e fluidos corporais. É curioso: um Deus imaterial e completamente espiritual criou um mundo completamente material e físico. Talvez isso nos devesse surpreender mais do que realmente surpreende.

Então, por que Deus criou as *coisas*? Você já se perguntou isso? Você está lendo as Escrituras e desfrutando de sua espiritualidade quando, de repente, há uma imensa seção sobre cabelos, gafanhotos ou água. Isso causa impacto. Você é surpreendido pela estranha materialidade do texto. De alguma forma, parece que esse tipo de conteúdo não deveria estar na Bíblia. Então, por que está?

Podemos responder a essa pergunta de várias maneiras. Uma delas é imaginando Deus como uma fonte, borbulhando de tanta alegria que transborda na criação do mundo.[1] Deus não cria por necessidade ou por lhe faltar alguma coisa. Ele cria porque seu prazer em ser Deus é tão abundante e generoso que transborda em um universo de maravilhas.

Outra maneira é vendo o mundo físico como uma vitrine da sabedoria multicolorida de Deus. Essa é a explicação apresentada no salmo 104, uma das mais belas canções das Escrituras. A inteligência e a criatividade maravilhosas de Deus tornam-se visíveis para nós nas coisas que ele fez. O salmista, sem acesso a enciclopédias ou à internet, já tinha em mente diversos exemplos: vales, leões, cegonhas, vinho, coelhos, óleo. Quanto mais da criação descobrimos — peixes tropicais, tricerátopos, Cataratas do Iguaçu, marsupiais, café —, mais aumenta nosso espanto com a sabedoria de Deus. "Quantas são as tuas obras, SENHOR! Fizeste todas elas com sabedoria! A terra está cheia de seres que criaste" (Salmos 104:24).

As coisas criadas também nos ensinam sabedoria prática. As formigas nos mostram o poder da diligência, mesmo que nos sintamos pequenos ou insignificantes: "Observe a formiga, preguiçoso, reflita nos caminhos dela e seja sábio!" (Provérbios 6:6). Podemos aprender sobre fidelidade sexual com as brasas, sobre ganhar dinheiro com o voo das águias, sobre controlar a raiva ao bater o leite para virar manteiga (Provérbios 6:27-29; 23:4-5; 30:33). O crescimento de um pequeno grão de mostarda em um grande arbusto ilustra o poder da fé (Mateus 17:20). O ensino de Jesus está repleto de coisas — ovelhas, pássaros, flores, moedas, sementes, árvores, campos, sal, luz, pés, chuva, o nascer do sol — que nos instruem sobre como viver, simplesmente por estarem presentes. Olhe e aprenda.

---

[1] Jonathan Edwards, *The end for which God created the world*, 1:4.

Para Paulo, em Romanos 1, a criação revela o poder invisível de Deus e de sua natureza divina. Poucos de nós podem estar diante do Grand Canyon ou ver uma imagem em alta definição da Nebulosa Cabeça de Cavalo sem sentir vontade de louvar alguém ou algo pela majestade do que está diante de nós. Alguns de nós reprimirão esse impulso, mas aqueles que não o fazem e permitem que a canção de gratidão os inunde como uma tempestade encontrarão em si mesmos diversas conclusões sobre nosso Criador. O Deus do Saara deve ser vasto, ilimitado e expansivo. O Deus dos quarks deve ter um olhar inimaginável para os detalhes. O Deus dos vombates deve ter senso de humor. Tudo na criação tem implicações teológicas, e uma das alegrias de ser humano é descobrir quais são essas implicações.

O que todas essas respostas têm em comum é o fato de que a criação aponta para além de si mesma. As coisas existem não por si mesmas, mas para nos conduzir de volta a Deus. Na imagem de Agostinho, os dons de Deus na criação são como um barco que nos leva de volta à nossa terra natal: um meio de transporte que podemos (e devemos) celebrar, mas nunca confundir com o próprio destino.[2] C. S. Lewis fala sobre seguir os raios de sol de volta ao sol, para que possamos desfrutar não apenas o objeto da bondade, mas também a fonte do bem.[3] A criação prega para nós. As coisas de Deus revelam o Deus das coisas.

Às vezes, olhamos as coisas de cabeça para baixo nesse ponto. Os teólogos apontam (com razão) que, com frequência, a linguagem usada para descrever Deus nas Escrituras é antropomórfica, e não devemos interpretá-la de forma literal. Deus não tem exatamente um braço poderoso, as nações não estão literalmente sob seus pés, os sacrifícios não chegam literalmente às

---

[2]Agostinho, *De doctrina Christiana* 1.3,4.
[3]C. S. Lewis, *Letters to Malcolm: chiefly on prayer* (New York: Harcourt, 1963), cap. 17 [No Brasil: *Cartas a Malcolm: sobretudo a respeito da oração* (Rio de Janeiro: Thomas Nelson Brasil, 2019)].

suas narinas, e assim por diante. Mas isso é apenas metade da história e, de certa forma, a parte menos importante.

Pode ser mais útil dizer que o mundo é teomórfico: as coisas assumem a forma que têm porque são criadas para revelar Deus. Descrevemos Deus como "a Rocha" não apenas porque as rochas existem e fornecem uma boa imagem de segurança e estabilidade. As rochas existem porque Deus é a Rocha: a Rocha da nossa salvação, a Rocha que fornece água no deserto, a Rocha cuja obra é perfeita e todos os caminhos são justos. Quando invertemos as coisas dessa maneira, obtemos uma imagem muito diferente do propósito da criação, das coisas físicas, das coisas em geral. Desde o princípio, a superfície deste planeta tem sido coberta por rochas, e cada uma delas tem pregado uma mensagem sobre a fidelidade, a segurança e a firmeza de Deus. "Pois a rocha deles não é como a nossa Rocha, com o que até mesmo os nossos inimigos concordam" (Deuteronômio 32:31).

Este livro é uma tentativa de ouvir mensagens dessa natureza. Alguns capítulos oferecem uma exposição da criação, uma meditação sobre quem Deus é, como ele se revela por meio de coisas específicas. Outros consideram o que uma coisa particular representa nas Escrituras e perguntam o que podemos aprender com ela. Outros fazem um pouco das duas coisas. Ao lê-los, minha esperança é que você obtenha uma compreensão mais profunda não apenas das Escrituras, mas do mundo em que vive e, finalmente, do Deus que fez tudo. (Amo a ideia de que você pode estar andando na rua um dia, ver uma das coisas que apresentamos neste livro e ser despertado de seu devaneio para a admiração e a adoração.) O livro faz perguntas como: o que a existência do mel nos revela sobre Deus ou sobre o que ele fez em Jesus Cristo? O que devemos aprender do fato de ele ter criado porcos, flores, jumentos, frutas e terremotos? Pode haver algum significado nas coisas que os seres humanos fizeram: panelas, trombetas, ferramentas, cidades? Afinal, "Do Senhor é a terra e tudo o que nela existe, o mundo e os que nele vivem" (Salmos 24:1). Venha e veja.

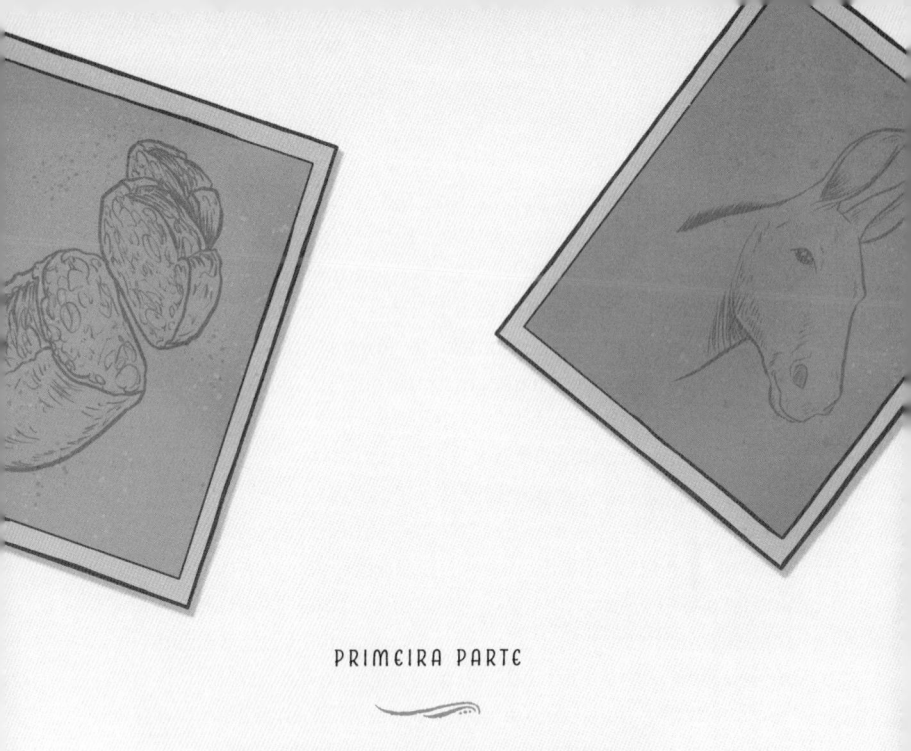

PRIMEIRA PARTE

ANTIGO TESTAMENTO

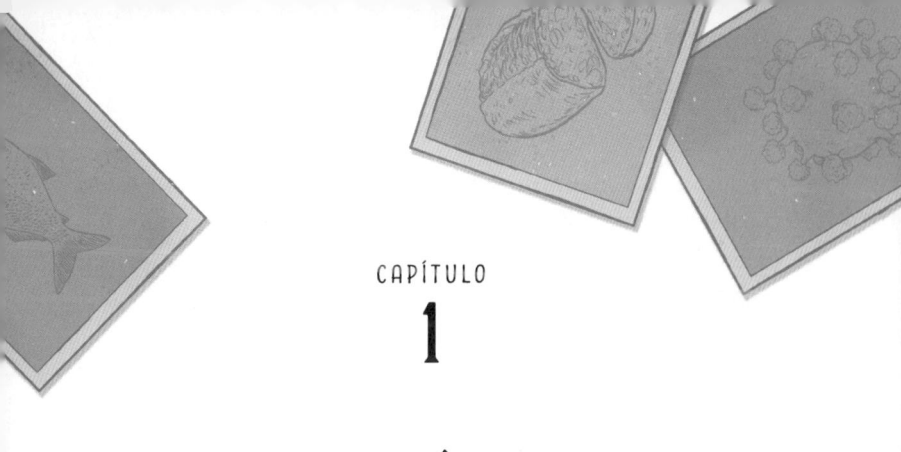

PÓ

A IMAGEM DE DEUS

*Então o Senhor Deus formou o homem do pó da terra
e soprou em suas narinas o fôlego de vida,
e o homem se tornou um ser vivente.*

— GÊNESIS 2:7

O pó passa despercebido, na maior parte do tempo. Ele nos cerca o tempo todo, mas, a menos que trabalhemos no ramo da construção, quase nunca o vemos. Quando o vemos, geralmente é porque estamos tentando nos livrar dele: aspirando, passando pano, varrendo, limpando atrás da geladeira ou algo do tipo. Eu percebo o pó quando ligamos o aquecedor pela primeira vez a cada inverno, porque todo mundo começa a espirrar. Percebo quando as crianças tocam a tela da televisão, deixando uma pequena marca de mão preta em meio a um mar de pó cinzento. Percebo quando entro em um galpão, levanto um lençol ou uma lona e observo os raios de sol iluminarem uma nuvem de partículas finas que se elevam, ondulam, dançam e, por fim, repousam em algum lugar. Caso contrário, embora eu esteja constantemente tocando e respirando uma mistura de cabelos, pólen, fibras, terra, ácaros e células de pele, tento não pensar muito nisso.

O pó nos fala sobre a decadência. Ele surge da decomposição de outras coisas, sejam elas animais, vegetais ou minerais. O pó em uma casa nos revela que nossas células morreram recentemente. Em um canteiro de obras, mostra-nos que algo foi derrubado ou destruído. Quando domina a paisagem, diz-nos que as plantas não podem crescer ali porque o solo é muito raso ou a chuva é rara. Cidades-fantasma e filmes pós-apocalípticos estão cobertos de pó, destacando a perda não apenas de criaturas ou estruturas, mas da própria civilização. Quando os tons de verde e marrom da vida já se foram, ficamos com o bege da morte.

E Deus nos diz: você é feito disso.

Isso não soa muito encorajador. O pó evoca decadência, decomposição e morte, tanto nas Escrituras como para nós. Nesse sentido, uma das implicações de sermos "pessoas de pó" é que, um dia, seremos pessoas mortas. Quando a humanidade cai, escolhendo a árvore do conhecimento do bem e do mal em lugar da árvore da vida, a maldição sobre nós — "porque você é pó, e ao pó voltará" (Gênesis 3:19) — é claramente uma referência à mortalidade. Em um mundo no qual as pessoas buscam o elixir da vida com o mesmo entusiasmo de sempre, seja na forma de criogenia, de transumanismo, edição do genoma ou de qualquer outra moda que negue a morte, a Bíblia deixa a certeza da morte tão clara quanto possível: "Da mesma forma, como o homem está destinado a morrer uma só vez e depois disso enfrentar o juízo" (Hebreus 9:27). Viemos da terra e, um dia, voltaremos a fazer parte dela.

As pessoas às vezes falam como se os cristãos cressem na imortalidade e os materialistas seculares, não. A realidade é praticamente o oposto disso. A certeza da morte é parte integrante do cristianismo — nosso futuro gira em torno não da imortalidade, mas da ressurreição —, enquanto os mais ansiosos para adiar ou até mesmo escapar da morte, em geral, são aqueles que não têm nenhuma esperança na ressurreição. As primeiras igrejas se reuniam em catacumbas, cercadas por cadáveres. Até hoje, as igrejas têm cemitérios e estão repletas de memoriais e criptas para os fiéis mortos. Nossa mensagem se concentra naquele que morreu e ressuscitou, não em alguém que continuou vivendo indefinidamente, em uma animação suspensa. Nossos sacramentos são explicitamente mórbidos: sepultamos pessoas na água, comemos um corpo partido e bebemos sangue. Enquanto o mundo abastado gasta muito dinheiro tentando evitar (ou pelo menos evitando pensar) na morte, parte da missão da igreja é lembrá-los do óbvio. Da terra à terra, das cinzas às cinzas, do pó ao pó.

De forma surpreendente, entretanto, na primeira vez em que somos apresentados como criados do pó, isso em nada se refere à morte; mas está relacionado com a vida. "Então o Senhor Deus formou o homem do pó da terra e soprou em suas narinas o fôlego de vida, e o homem se tornou um ser vivente" (Gênesis 2:7). A essa altura, os seres humanos ainda não haviam pecado. A árvore da vida ainda estava disponível para nós. No entanto, o escritor insiste que somos criados do pó da terra. O que isso significa?

Em parte, isso significa que somos parte da criação física: somos feitos de matéria, de substância. Somos criados para portar a imagem de Deus, que é espiritual e invisível. Por isso é importante que tenhamos corpos tangíveis que ocupam espaço. Não somos anjos ou espíritos desencarnados; somos compostos de átomos e moléculas, carbono e oxigênio.

Mas também é uma forma de enfatizar nossas origens sobrenaturais, sopradas por Deus. Em algumas das narrativas egípcias e acadianas sobre a Criação, os seres humanos são descritos como feitos de argila, o que nos faz pensar o seguinte: a maioria de nós, com um pouco de prática, poderia moldar a argila em algo que se pareça muito com uma pessoa. Mas você nunca poderia fazer isso com pó. A forma mais complexa que eu poderia fazer com a poeira seria um amontoado e, mesmo assim, isso seria instantaneamente espalhado por uma rajada de vento. O que faz um grupo de partículas se unirem e formarem um ser humano não é uma propriedade inerente a esse grupo de partículas; é nada menos que o sopro do Senhor, que anima o pó e o transforma em alma vivente. Sem o sopro de Deus, não passamos de um amontoado no chão. Com ele, somos portadores da imagem divina.

Essa descrição muito realista do ser humano — o pó da terra mais o sopro do Senhor, físico e espiritual, corpo e alma — é, na verdade, fonte de intenso conforto nas Escrituras. Por razões teológicas importantes, a compreensão cristã da humanidade enfatiza, de forma significativa, a imagem de Deus e a dignidade essencial e a grandeza que ela confere a todas as pessoas. Somos reis, sacerdotes, embaixadores e governantes feitos, por um período, menores do que os anjos e coroados de glória e honra (Salmos 8:5). Isso tem implicações cruciais para a maneira de tratarmos uns aos outros.

Mas, ao lado dessa ênfase (vital) na dignidade, há também uma humildade apropriada que advém de lembrar que "eu que não passo de pó e cinza" (Gênesis 18:27), "pois ele sabe do que somos formados; lembra-se de que somos pó" (Salmos 103:14). Saber que viemos da terra nos mantém com os pés no chão. A palavra em latim *humus*, que significa "terra" ou "solo", dá origem às palavras humildade e humano.[4] E há imensa segurança

---

[4]Veja Eugene Peterson, *Christ plays in ten thousand places: a conversation in spiritual theology* (Grand Rapids: Eerdmans, 2005), p. 76: "Esta é a origem, segundo o livro de Gênesis, de quem somos: pó — pó que o Senhor Deus usou para nos fazer humanos. Se cultivarmos um sentido vibrante de nossa origem e nutrirmos um senso de continuidade com ela, quem sabe, também poderemos adquirir humildade".

em sabermos que Deus, em sua compaixão e bondade paterna, nos vê não apenas como príncipes que devem governar o mundo, mas também como pó e cinzas, pessoas que às vezes falham e clamam por socorro. Como Ana orou tão lindamente, um dos passatempos favoritos de Deus é erguer pessoas do pó e das cinzas — pessoas marginais, quebradas, pobres e necessitadas como ela e, na verdade, como eu — e nos fazer assentar com os príncipes (1Samuel 2:8).

Somos pó e ao pó retornaremos. Podemos considerar isso libertador, perturbador ou aterrorizante, mas, mesmo assim, é verdade: um dia, as células que nos compõem girarão nas folhas de outono, enfiadas entre as almofadas do sofá e escondidas atrás dos aquecedores. Assim como aconteceu com Ozymandias no famoso poema de Shelley, seus impérios aparentemente invencíveis por fim se transformarão em pó. E o mesmo acontecerá conosco.

Mas apenas por um tempo. Por fim, como Daniel viu, "multidões que dormem no pó da terra acordarão: uns para a vida eterna, outros para a vergonha, para o desprezo eterno" (Daniel 12:2). Em Adão, todos somos pó, e nos decompomos em face dessa realidade, mas em Cristo ressuscitamos para nos tornarmos pessoas celestiais, para quem poeira, deterioração, mortalidade e corrupção são coisas do passado. Paulo, ao descrever a ressurreição aos que não conseguiam crer, explica: "Assim como tivemos a imagem do homem terreno, teremos também a imagem do homem celestial" (1Coríntios 15:49). Nosso futuro, diz Paulo, será modelado não pelo homem que saiu da terra, mas pelo homem que saiu da sepultura.

Portanto, aspire tudo agora. Na nova criação, não haverá pó.

2

TERREMOTOS

A GLÓRIA DE DEUS

O monte Sinai estava coberto de fumaça,
pois o Senhor tinha descido sobre ele em chamas de fogo.
Dele subia fumaça como que de uma fornalha;
todo o monte tremia violentamente.
— Êxodo 19:18

As aparições de Deus frequentemente são acompanhadas por terremotos. Montanhas tremem, rochas se dividem e pessoas estremecem de medo. As bases das construções se abalam e a terra retumba. Quando a terra é visitada por seu Rei, ela treme. Por quê?

O exemplo mais assustador provavelmente é o primeiro, quando Deus desce sobre o Monte Sinai em fogo. Moisés fez o seu melhor para preparar os israelitas, mas, ainda assim, eles estão aterrorizados quando, na manhã do terceiro dia, o monte aparentemente comum ao lado do qual estão acampados parece estar em chamas, envolto em fumaça e coberto por uma nuvem espessa. Trovões e relâmpagos emanam dela, enquanto um toque de trombeta ensurdecedor vai ficando cada vez mais alto. "Todo o monte tremia violentamente" (Êxodo 19:18). Assim também os israelitas (v. 16); eles estavam tão assustados que, apesar de terem acabado de receber a promessa de que eram o bem precioso de Deus e estavam destinados a ser reis e sacerdotes na terra, permaneceram longe, aterrorizados, recusando-se a se aproximar de Deus e insistindo que Moisés falasse com ele em seu lugar (20:18-19). O escritor quer que vejamos a conexão, então ele usa a mesma palavra (*charad*) para o tremor da terra e o tremor das pessoas. Como o salmista escreveria muitos séculos depois, a glória do Senhor faz o povo tremer e a terra se abalar (Salmos 99:1). Os terremotos estão associados ao temor de Deus.

A geração do Êxodo, no entanto, é notoriamente esquecida. Algum tempo depois, um grupo das pessoas que, naquele dia, estavam no Sinai chega à conclusão de que Moisés é inadequado para exercer aquele cargo e desafia sua liderança. "[...] por que vocês se colocam acima da assembleia do Senhor?" (Números 16:3). Moisés responde com um teste simples: se todos vocês morrerem de maneira natural, isso provará que não fui enviado por Deus, mas, se a terra se abrir de repente e os engolir, então mostrará que vocês desprezaram o Senhor (v. 28-30). Sabemos que isso não vai terminar bem. Como esperado, "assim que Moisés acabou de dizer tudo isso, o chão debaixo deles fendeu-se e a terra abriu a sua boca e os engoliu" (v. 31-32). Isso não é apenas algo típico do Antigo Testamento; há uma sequência muito semelhante no último livro das Escrituras, em que um grande terremoto divide o mundo, e os governantes da terra pedem que as montanhas e rochas caiam sobre eles e os escondam da ira do Cordeiro (Apocalipse 6:12-17). Terremotos estão associados ao julgamento de Deus.

Em várias passagens, terremotos também representam a fala divina. Quando Ezequiel é comissionado para seu ministério profético em Judá, ele ouve "uma voz de um terremoto: 'bendito é o nome do Senhor desde o céu!'" (Ezequiel 3:12, tradução livre). O salmo 29, talvez a meditação mais rica sobre a voz de Deus em toda a Bíblia, descreve-a como trovejante, poderosa, majestosa e gloriosa, e depois a compara a um terremoto: "A voz do Senhor faz tremer o deserto; o Senhor faz tremer o deserto de Cades" (Salmos 29:8). Se estivéssemos falando sobre isso hoje, poderíamos comparar a voz de Deus ao barulho de uma aeronave quebrando a barreira do som, ou ao lançamento de um foguete: um rugido trovejante, estrondoso e inspirador que abafa todos os demais ruídos com sua autoridade exuberante. Quando Deus fala na Escritura, ele soa como um trovão, como um terremoto, como um vento impetuoso ou uma catarata poderosa. Por isso somos surpreendidos quando Elias ouve Deus falar não em um furacão, um terremoto ou por meio do fogo, mas em um sussurro suave (1Reis 19:11-13). Os terremotos estão associados à voz de Deus.

Até aqui, tudo é muito óbvio. Você pode ver por que o tremor da terra deixaria as pessoas com medo e as faria pensar no julgamento divino, e por que isso seria usado para ilustrar o poder da palavra de Deus. Mas eu acredito que os terremotos representam algo mais profundo do que isso, algo que está por trás do medo, do julgamento e da voz poderosa. Os terremotos estão associados à glória de Deus.

Você pode visualizar essa ligação em vários textos. Quando os serafins fazem sua magnífica proclamação da glória divina — "Santo, santo, santo é o Senhor dos Exércitos, a terra inteira está cheia da sua glória" (Isaías 6:3) —, até os alicerces do templo estremecem. Quando Ageu refere-se à glória enchendo o templo, isso é acompanhado por um terremoto internacional (Ageu 2:7). Os salmos unem a glória de Deus e o abalo da terra (Salmos 97:4-6; 104:31-32). Mais uma vez, cabe perguntar: por quê?

Para responder, temos de saber o que os hebreus queriam dizer com "glória". Se você ouvir a palavra *glória* em português, é provável que pense em triunfo, beleza e esplendor, exatamente o que os romanos chamavam de glória. No entanto, a palavra hebraica para "glória", *"chabod"*, tinha um significado ligeiramente diferente. Esse termo deriva da palavra que significa "denso" ou "pesado", uma conexão que Paulo faz quando fala sobre o "peso de glória, acima de toda comparação" (2Coríntios 4:17, ARA). Glória, de certa forma, é peso, gravidade. Portanto, quando a arca de Deus foi capturada pelos filisteus, isso foi descrito como a "glória" (*chabod*) se afastando de Israel e, logo em seguida, ouvimos que a mão de Deus estava "pesada" (*chabed*) sobre os filisteus, afligindo-os com tumores e quebrando seus deuses em pedaços. Falar da glória de Deus, em linguagem bíblica, não é apenas falar de seu esplendor e beleza (embora também inclua isso), mas também de como ele é pesado, denso e substancial.

Agora, considere o seguinte: o que acontece quando algo glorioso, pesado e substancial desce sobre algo mais leve, frágil e menos substancial? Deslocamento. A coisa pesada empurra a coisa mais leve para um lado, e a coisa mais leve precisa se mover — ou tremer, ou até mesmo estremecer — para dar espaço à coisa pesada, quer queira ou não. Se eu pular em uma piscina, causo um pequeno tremor na água. A substância pesada desloca a frágil, e a frágil estremece, cede e é forçada a se reorientar em torno do peso da glória.

Então, o que acontece quando a glória de Deus, o divino *chabod*, desce sobre o monte Sinai, o templo em Jerusalém ou em qualquer lugar na terra? Deus desloca o que é trivial e efêmero, forçando a terra a se reorientar ao seu redor. A terra treme e estremece em resposta à chegada de uma realidade muito mais gloriosa e substancial. O Senhor reina! Que os povos tremam! Que a terra se abale!

O mesmo acontece quando Deus desce sobre as pessoas. Não é apenas o monte Sinai que treme, como vimos; o povo de Israel também treme. Não é apenas o templo que treme na visão de Isaías; o próprio Isaías é afetado pelo *chabod* e exclama: "Ai de mim! Estou perdido" (Isaías 6:5). Quando as pessoas encontram o Deus verdadeiro, elas experimentam um terremoto pessoal. Essa é uma forma de saber se você conheceu o Deus de Israel ou simplesmente um produto de sua imaginação. Um Deus inventado deixará seu mundo inabalado, convenientemente alinhado com suas prioridades e sem deslocar nada, porque, em última instância, você é mais glorioso do que ele. O verdadeiro Deus, no entanto, aterrissará bem no centro de sua vida como um elefante rompendo o teto, deslocando seu pecado, alterando todas as suas prioridades e compelindo você a se reorientar em torno do peso da glória.

No entanto, terremotos também estão associados ao evangelho de Deus. Os dois eventos mais importantes e cheios de esperança na história do mundo, a crucificação e ressurreição de Jesus, foram ambos acompanhados por terremotos. Quando o Rei da terra morreu, a terra tremeu e as rochas se partiram (Mateus 27:51). Quando ele ressuscitou, na manhã do terceiro dia, o mesmo voltou a acontecer (28:2). Ambos os terremotos provocaram medo naqueles que estavam lá, e de diferentes maneiras manifestaram o julgamento, a voz e a glória de Deus. No entanto, eles mostraram mais do que isso. Eles revelaram que o Senhor não era simplesmente superior, mais majestoso e mais glorioso do que a terra ou do que o próprio indivíduo, mas também mais substancial do que os dois inimigos mais poderosos e implacáveis que enfrentamos: o pecado e a morte. O Príncipe da Glória morreu e causou um terremoto. O Rei da Glória levantou-se e provocou um terremoto mortal. As profundezas pesadas do inabalável Salvador colidiram com as leves águas rasas do inimigo e o deslocaram para sempre, com todos os seus seguidores.

Quando o Rei da terra desce, tudo na terra — as pessoas, as montanhas, o templo, os principados e as potestades, até mesmo a própria morte — é abalado. "Portanto, já que estamos recebendo um Reino inabalável, sejamos agradecidos e, assim, adoremos a Deus de modo aceitável, com reverência e temor" (Hebreus 12:28).

3

PORCOS

A HOSPITALIDADE DE DEUS

*E o porco, embora tenha casco fendido
e dividido em duas unhas, não
rumina; considerem-no impuro.
Vocês não comerão a carne desses animais nem tocarão
em seus cadáveres; considerem-nos impuros.*
— Levítico 11:7–8

Gosto de chamar isso de paradoxo do porco. Por um lado, nenhum animal é mais sujo, fedorento ou feio do que um porco. A infeliz combinação de focinhos e roncos não os torna nem um pouco atraentes. Eles rolam na lama e comem as próprias fezes. Eles se tornaram sinônimo de bagunça ("o quarto dela é um chiqueiro"), infidelidade ("ele é um porco"), ignorância ("pérolas aos porcos"), trabalho mal feito ("serviço de porco"), comer demais ("um porco comilão") e características faciais pouco atraentes ("nariz de porco", "olhos de porco"). Quando estão aglomerados, você pode sentir o cheiro deles a quilômetros de distância. Certa vez tive uma noite de sono arruinada em Yorkshire pelo mau cheiro de um criadouro de porcos nas proximidades. Mais de um bilhão de pessoas evitam comê-los ou tocá-los por motivos religiosos, considerando-os sujos e intocáveis. Você pode entender o porquê.

Por outro lado, eles têm um sabor sensacional. Barriga de porco, *pancetta*, pernil glaceado com mel, presunto, linguiça *nduja*, torresmo, presunto, costelinha na brasa, salame, pé de porco, porco assado no espeto: é difícil acreditar que tamanha variedade de cortes e sabores possa vir de um mesmo animal. Sem mencionar o cheiro do bacon fritando, que certamente é o aroma mais delicioso que existe (com minhas sinceras desculpas ao café, ao pão fresco e aos biscoitos assados). De maneira bizarra, se você criasse um espectro de odores, do fedor mais repugnante ao aroma mais atraente, os porcos se encontrariam em ambas as extremidades, dependendo apenas se o odor vem antes ou depois de morrerem. Como algo que cheira tão mal quando está vivo pode cheirar tão bem quando não está? Como a morte pode transformar algo imundo e intocável em algo aromático e delicioso? Guarde esse pensamento por um instante.

Os porcos, segundo a lei de Moisés, eram proibidos em Israel. Tanto Levítico como Deuteronômio ordenam que eles não sejam comidos nem tocados e, embora tenham sido sugeridas várias razões para isso (seu cheiro, seus hábitos, o perigo de comê-los crus), a razão apresentada na lei é simplesmente por eles terem os cascos divididos, os pés fendidos e não ruminarem o alimento — que volta do estômago à boca. Isso pode parecer um tanto arbitrário para nós, mas Deus simplesmente declara que alguns animais são limpos; outros, não. Assim, vacas, ovelhas, pombos, cabras e peixes escamosos são permitidos, mas camelos, frutos do mar, serpentes, aves de rapina e animais com patas, não.[5] E os animais impuros mais detestáveis — aqueles que Isaías menciona para mostrar quão depravadas as pessoas podem ser, chegando a comer carne de porco (Isaías 65:4; 66:17) — são os porcos. Na condição de gentios, naturalmente impuros e separados de Israel, podemos sentir alguma simpatia por eles.

A semelhança entre porcos e gentios não para por aí. A primeira pessoa que pregou o evangelho aos gentios foi o apóstolo Pedro, e ele fez isso apenas porque teve a visão de um lençol cheio de animais impuros (Atos 10:9-16) — uma visão na qual, podemos supor, os porcos desempenharam papel de destaque — e ouviu uma voz dizendo para ele comê-los, pois "não chame impuro ao que Deus purificou" (v. 15). Pessoas não judias como eu foram batizadas apenas porque Pedro viu um grupo de porcos e outros animais impuros, e então viu um grupo de gentios, e percebeu a semelhança entre uns e outros. "Vocês sabem muito bem que é contra a nossa lei um judeu associar-se a um gentio ou mesmo visitá-lo", explicou ele aos gentios que o convidaram para uma visita, "mas Deus me mostrou que eu não deveria chamar impuro ou imundo a homem nenhum" (v. 28). Até mesmo Pedro, nem sempre o apóstolo mais diplomático, teve a gentileza de não mencionar que seus anfitriões eram equivalentes a um lençol cheio de porcos, moluscos e serpentes.

O resultado dessa visão foi extraordinário. No fim de Atos 10, o primeiro grupo de gentios havia sido batizado na água e, cheios do Espírito, estavam falando em línguas e louvando a Deus (v. 44-48). Atualmente, somos mais de oito bilhões de pessoas: éramos considerados impuros, comparáveis a animais de cascos fendidos e que ruminam, mas, como gentios, fomos purificados de nossas impurezas e libertos de nossos pecados.

---

[5]Uma explicação possível é que os animais que rompem com a ordem natural das coisas são vistos como símbolos de caos e, portanto, de morte.

Agora, apresentamo-nos como ofertas de aroma agradável ao Deus que torna as coisas comuns limpas. É o paradoxo do porco novamente. A morte — em nosso caso, a morte de Cristo — tomou aquilo que era sujo e intocável, e nos tornou aromáticos e encantadores pela graça de Deus.

O mais famoso acontecimento relacionado a porcos nas Escrituras é o momento em que Jesus liberta um homem possuído por demônios, enviando os demônios a um rebanho de dois mil porcos, que prontamente descem um penhasco e se afogam no mar. Você pode ler isso em Marcos 5:1-20, e é tão bizarro quanto parece. Gerações de intérpretes, buscando dar sentido a uma história desconcertante, encontraram todo tipo de princípios tênues nesse trecho, como, por exemplo, "uma pessoa vale mais do que dois mil porcos", "você sempre deve perguntar o nome de um demônio antes de exorcizá-lo" e assim por diante.

Mas, quando nos lembramos do que porcos e gentios têm em comum no pensamento judaico, começamos a nos enxergar nesse pobre homem quebrado e demonizado. Ele é imundo, impuro, um estranho, cercado por porcos e incapaz de acessar a presença ou o povo de Deus. Como gentios, nós éramos como esse homem. Ele vive entre os túmulos, com a morte ao seu redor, nu e envergonhado, sem esperança e sem Deus. Nós também. Ele é oprimido pelas forças das trevas, clamando em dor e flagelando a si mesmo, além do alcance de qualquer poder humano. Também nós estávamos dessa forma.

Então, ele encontra Jesus. O Salvador não apenas o liberta da tirania do demônio, mas também humilha seus inimigos (e os nossos) ao expulsá-los, do precipício para o mar, juntamente com toda a imundície e toda a impureza que representam. O homem é restaurado ao seu juízo perfeito e vestido com roupas novas. Ele é visivelmente transformado por tal encontro, de modo que aqueles que o conheceram antes passam a temer o poder de Jesus. Ele está desesperado para seguir seu novo

Mestre e Salvador. No fim da história, ele recebe uma nova missão: voltar para sua comunidade e anunciar o "quanto o Senhor fez por você e como teve misericórdia de você" (Marcos 5:19). Os porcos morreram, mas, nessa morte, o homem encontrou nova vida e foi totalmente libertado dos poderes que o oprimiam e da impureza que o maculava. Assim é conosco também. Da mesma forma que o filho pródigo, cambaleamos para os braços de nosso Pai, desesperados para nos vermos livres do chiqueiro e do fedor dos suínos, e ficamos bem impressionados quando ele nos abraça, beija-nos e nos veste com roupas novas antes de nos convidar para seu banquete.

Em Cristo, os porcos se tornam bacon. É a acolhida de Deus. Aqueles que você não gostaria de ter no jardim, por causa de todo o odor desagradável que exalam, dos grunhidos e dos roncos, experimentam a morte e são recebidos na cozinha para que todos possam saborear. O mau cheiro morre, a impureza é lavada, e nós, que antes éramos impuros, tornamo-nos uma oferta agradável, crocante, saborosa e aromática a Deus. Portanto, "não chame impuro ao que Deus purificou" (Atos 10:15).

4

GADO

A SUBSTITUIÇÃO DE DEUS

Um novilho, um carneiro e um cordeiro
de um ano como holocausto;
um bode como oferta pelo pecado;
e dois bois, cinco carneiros, cinco bodes e
cinco cordeiros de um ano para serem
oferecidos como sacrifício de comunhão.
Essa foi a oferta de Naassom, filho de Aminadabe.
— NÚMEROS 7:15-17

Uma das coisas mais estranhas sobre a Escritura, para um leitor moderno, é a quantidade de tempo que ela dedica a falar sobre animais de fazenda.

Muitos de nós tiveram uma experiência semelhante. Quando somos novos no cristianismo, chega um dia em que pegamos a Bíblia e começamos a lê-la desde o início. Nesse momento, estamos empolgados com o que ela pode conter: sabedoria antiga, percepções que mudam a vida, palavras de vida, a presença de

Deus, entre outras tantas coisas. Ela começa bem. O mundo é criado, inundado e disperso. Conhecemos uma família com personagens envolventes, cujas experiências se assemelham às nossas, com momentos de sucesso e dificuldades. Vemos Deus resgatá-los da escravidão. Nas primeiras setenta páginas aproximadamente, a narrativa transita entre o épico, o romance e a história de aventura. Com algumas poucas exceções ocasionais (como em Gênesis 36), a leitura se mantém envolvente.

Mas, então, algo estranho acontece. Assim que terminamos os Dez Mandamentos, percebemos que os interesses do escritor aparentemente mudaram. Em vez de uma narrativa cheia de reviravoltas, temos longos discursos sobre tendas e sacerdotes, roupas e rituais. Trechos inesperados e desagradáveis começam a aparecer, como "a gordura que cobre as entranhas" ou "o lóbulo do fígado". Pensávamos estar em uma história sobre casamentos, traições, milagres e fugas; agora se trata de bois, cordeiros, carneiros e cabras. Animais de fazenda se tornam personagens principais, dominando o que, em geral, é considerado o livro mais tedioso da Bíblia (Levítico), bem como o que é indiscutivelmente o capítulo mais enfadonho (Números 7). Subitamente, uma narrativa épica de eventos globais e relacionamentos humanos se transforma em um livro sobre gado.

De certa forma, nossa surpresa não deveria ser uma surpresa. Poucas coisas expressam mais a diferença entre estilos de vida modernos e antigos do que nosso relacionamento com os animais. Logo, podemos esperar encontrar os israelitas falando sobre gado mais do que nós. A maioria de nós não é fazendeiro ou pecuarista. Compramos comida e bebida no supermercado, compramos roupas feitas de algodão ou poliéster, alimentamos nossas máquinas com eletricidade, guardamos nosso dinheiro em bancos e nos locomovemos usando aviões, trens e automóveis. No antigo Oriente Próximo, em contraste, as pessoas dependiam de animais de criação para carne, leite, ovos, roupas, calçados, força, aragem, moagem, viagens e até mesmo para ir à batalha. Rebanhos e manadas eram o principal indicador de riqueza em muitas culturas (daí a conexão entre as palavras inglesas *"capital"* [capital], *"chattel"* [bens] e *"cattle"* [gado]). Quase todo mundo interagia com animais de fazenda diariamente. Se voltar a Gênesis com isso em mente, você os verá praticamente em todos os capítulos, sendo criados, nomeados, mortos, consumidos, comercializados, ordenhados, usados para puxar arados, como objetos de debate, roubados e, em um caso, usados como disfarce um tanto improvável. O gado era a base da vida, então eles aparecem por toda parte.

Mesmo assim, nada disso chega à raiz do motivo pelo qual os animais de fazenda aparecem com tanto destaque nas Escrituras. Tudo o que foi dito sobre eles é verdadeiro e esperançosamente interessante, mas, ainda assim, não aborda a essência fundamental. A principal maneira pela qual a Bíblia fala sobre gado é no contexto não de riqueza ou trabalho, mas, sim, de adoração. Os animais de fazenda são substitutos.

No entanto, nem sempre isso era algo positivo. Às vezes, eles funcionam como substitutos de Deus: como ídolos, como representações físicas da divindade, como objetos de adoração em si mesmos. Isso nunca acaba bem. O exemplo mais conhecido é quando os israelitas, logo após se verem livres da escravidão, pedem a Arão que construa para eles um bezerro de ouro, que prontamente adoram como se aquele objeto os tivesse tirado do Egito, e enfrentam severas consequências. (A resposta de Arão, ao ser confrontado a esse respeito por seu irmão Moisés, ganha o prêmio de pior desculpa nas Escrituras: "O povo trouxe-me o ouro, eu o joguei no fogo e surgiu esse bezerro!" [Êxodo 32:24].) O exemplo menos conhecido envolve Israel adorando demônios em forma de bode (Levítico 17:7), o que leva a um esclarecimento acerca das leis sobre sacrifício. Israel certamente não era único nisso; muitas civilizações adoravam ídolos na forma de touros, cabras ou carneiros, incluindo a sociedade egípcia, da qual eles haviam acabado de ser resgatados. Claramente, havia algo na força e na fertilidade que dá vida ao gado que fazia com que os povos antigos quisessem adorá-los.

De maneira mais positiva, no entanto, eles também substituíam as pessoas. No sacrifício mais comum, o *qorban olah* (em geral, traduzido por "oferta queimada" ou "oferta de ascensão"), o touro, o carneiro ou a cabra funcionavam como substitutos para o indivíduo israelita em sua jornada de adoração a Deus. O animal era apresentado pelo adorador de seu próprio rebanho ou manada — uma ação cara em si, dado o valor desses animais — para ser inspecionado pelo sacerdote, que verificaria se o animal não tinha defeito. O adorador, então, colocaria sua mão sobre a cabeça do animal, identificando-o como seu representante, e o mataria. Em seguida, o sacerdote manipularia o sangue do animal de várias maneiras antes de queimar todo o corpo, com o animal subindo em forma de fumaça ao céu, "como um aroma agradável ao Senhor". Em algumas ofertas, o adorador fazia uma refeição de comunhão diante de Deus, tendo o cuidado de comer apenas a carne do animal, e não seu sangue (que representava sua vida) ou sua gordura (que representava a melhor porção, pertencente a Deus). Por fim, o sacerdote abençoaria o adorador.

O simbolismo do *qorban olah* (Levítico 1) girava em torno da adoração, não do perdão. Não se tratava de uma oferta pelo pecado. O objetivo não era expiar pecados, mas experimentar comunhão com Deus. O animal era identificado com o israelita. Então, uma vez que a fumaça subia aos céus, era como se o adorador também estivesse ascendendo, entrando na presença de Deus e desfrutando uma refeição de comunhão com ele. Seres humanos não poderiam subir ao trono de Deus por conta própria, então precisavam de um substituto — um touro, uma cabra ou um carneiro — para ascender em forma de fumaça e fogo em seu lugar. O objetivo da oferta era a união com Deus.

O gado também servia de substituto para os pecados. Em diversas cerimônias, principalmente no Dia da Expiação (Levítico 16), o gado carregava as transgressões do povo. No décimo dia do sétimo mês, o sumo sacerdote colocava dois bodes diante do Senhor e lançava sortes sobre eles. Ele sacrificava um deles como oferta pelo pecado, para fazer expiação pelo Lugar Santo. Então, colocava as mãos sobre a cabeça do outro bode, confessava os pecados do povo e o enviava para o deserto. Com esse simbolismo marcante, Israel testemunhava os dois aspectos de seu perdão sendo representados diante deles: a purificação de seus pecados por meio do sangue de um bode, e a remoção de seus pecados pelo exílio do outro. Isso mostrava a eles que suas transgressões não estavam apenas perdoadas, mas também removidas.

Lembro-me do meu amigo Graham Marsh ilustrando isso por meio de dois balões. "Imagine que esses balões de hélio representam seus pecados", disse ele. "Um deles" — nesse momento, ele pegou uma faca e perfurou o balão — "é estourado, demonstrando que tudo o que você fez de errado foi derrotado com o estouro. O outro" — e, nesse ponto, ele abriu as portas de incêndio nos fundos do auditório e soltou o balão — "é liberado, subindo cada vez mais alto no céu, até estar tão longe que você não pode mais vê-lo. É assim que os bodes substitutos funcionam no Dia da Expiação", explicou, "e é assim que o sacrifício substitutivo de Cristo funciona para você. Seus pecados foram destruídos e você foi purificado deles. Mas eles também foram levados para longe de você, tão longe que você não pode mais vê-los, tão distantes quanto o Oriente está do Ocidente".

Animais de fazenda são substitutos. Eles podem ser moldados pecaminosamente como substitutos de Deus, como um bezerro de ouro ou a cabeça de um touro. Eles podem representar pessoas na adoração, como um carneiro que sobe como oferta de fumaça na presença de Deus. Eles podem assumir as consequências dos pecados sobre si mesmos, como os dois bodes no Dia da Expiação.

No entanto, eles são substitutos imperfeitos. Eles não conseguem estar à altura da realidade que representam. Eles não se oferecem voluntariamente; eles precisam ser sacrificados repetidas vezes, dia após dia, ano após ano, lembrando-nos regularmente quão pecaminosos nós somos; e, embora eles possam purificar-nos externa e ritualmente, não podem purificar-nos internamente, libertando nossas consciências para sempre e nos tornando perfeitamente santos. Por essa razão, "é impossível que o sangue de touros e bodes tire pecados" (Hebreus 10:4). O gado é sempre insuficiente.

Exceto o Cordeiro. Há um animal de fazenda que é adorado não apenas por um punhado de israelitas idólatras, mas também por todas as tribos, línguas, povos e nações (Apocalipse 7:9-10). Há um animal de fazenda que se oferece tão voluntariamente, que derrama seu sangue tão incondicionalmente e ascende a Deus de forma tão permanente que é capaz de levar bilhões de pessoas consigo diretamente à presença de Deus. Existe um animal de fazenda cuja oferta substitutiva pelo pecado é tão perfeita que pode salvar qualquer pessoa, purificar a consciência e durar para sempre. Em Gênesis, um cordeiro substituiu um jovem (Gênesis 22:13). Em Êxodo, um cordeiro substituiu cada família (Êxodo 12:3). Em Levítico, um bode substituiu a nação (Levítico 16). No evangelho, um Cordeiro substituiu toda a raça humana.

"Vejam! É o Cordeiro de Deus, que tira o pecado do mundo!" (João 1:29).

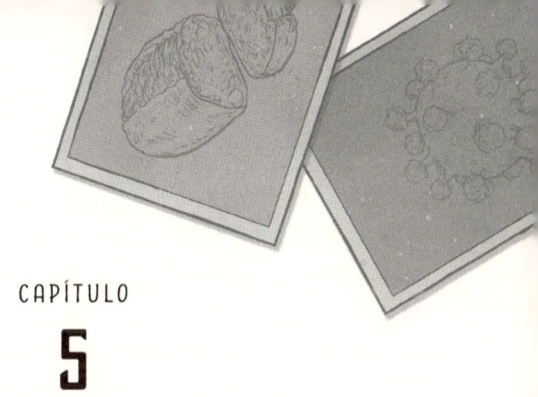

5

FERRAMENTAS

As armas de Deus

Entretanto, Jael, mulher de Héber, apanhou
uma estaca da tenda e um martelo
e aproximou-se silenciosamente enquanto ele,
exausto, dormia um sono profundo.
E cravou-lhe a estaca na têmpora até
penetrar o chão, e ele morreu.
— Juízes 4:21

Na primeira batalha do Armagedom, o comandante inimigo foi morto com equipamento para acampar.

A especulação sobre a próxima batalha tem sido tema de livros de sucesso e filmes de grande bilheteria. Fala-se de um governo mundial, navios de guerra voadores em forma de gafanhoto-escorpião, códigos de barras, conspirações, a União Europeia, armas nucleares e um gigantesco meteoro rumando em direção à Terra com Bruce Willis a bordo. No entanto, na primeira vez que uma guerra foi travada, no Vale de

Megido — posteriormente conhecido como *Har-Magedon* —, o golpe decisivo foi desferido com os objetos mais comuns imagináveis. Sísera, comandante dos poderosos exércitos cananeus, teve sua cabeça esmagada por Jael, uma mulher que morava em uma tenda, usando um martelo e uma estaca (Juízes 4:17-22).

É uma história incrível em todos os sentidos. Uma mulher está julgando Israel naquele momento, o que, por si só, é incomum: Débora, cujo nome significa "abelha" e que pica seus inimigos para fornecer mel aos seus amigos. O homem encarregado de liderar o exército israelita, Baraque ("relâmpago"), recusa-se a lutar, a menos que ela vá com ele. Israel vence a batalha apesar das probabilidades avassaladoras. Quando a vitória é celebrada em uma canção, os personagens principais são (novamente) três mulheres: Débora, apresentada como "uma mãe em Israel"; Jael empunhando o martelo; e a sombria e vil mãe de Sísera, que está ansiosa para ouvir os detalhes de como seu filho capturou "uma ou duas moças para cada homem" (5:30). A estaca que traspassou as têmporas também é algo inesquecível.

No entanto, essa história também faz parte de um padrão mais amplo que aparece repetidamente nas Escrituras, um padrão segundo o qual Israel derrota seus inimigos com ferramentas em vez de armas. Nesse caso, Israel não conta com escudos ou lanças, mas vence com uma estaca e o "martelo do trabalhador" (5:8,26). Na história anterior, Sangar havia derrotado os filisteus com uma aguilhada de bois (3:31). Em outra, Gideão vence com jarros e trombetas (7:19-23). Na história seguinte, um cidadão de Tebes mata Abimeleque com uma pedra de moinho jogada de uma torre (9:53), a segunda vez em seis capítulos que uma mulher desconhecida esmaga a cabeça de um homem poderoso com um utensílio doméstico. As muralhas de Jericó foram derrubadas por um instrumento musical. Israel foi libertado do Egito e depois libertado de Amaleque com um cajado que, de outra forma, seria usado para guiar ovelhas. Deus, ao que parece, gosta de ferramentas mecânicas.

Mas por quê? O que está acontecendo aqui?

Suspeito de pelo menos três coisas. A mais óbvia é que Israel está sendo lembrado, repetidas vezes, de que sua segurança militar não está fundamentada em sua força, em seus números, armamento ou habilidade, mas, sim, no poder e na fidelidade do Deus a quem ele adora. Em vários casos, Israel não tem armas porque seus inimigos o proibiram de fabricá-las; o povo de Deus é tão inferior no campo militar que não pode sequer fazer uma espada, muito menos formar um exército. Portanto, eles não têm outra opção senão lutar com qualquer ferramenta que tenham à sua disposição — garfos, moedores de farinha, equipamento de acampamento — e confiar no Senhor para lutar em seu nome.

Nesse sentido, a vitória das ferramentas sobre as armas é um subconjunto de um padrão bíblico mais amplo, no qual exércitos poderosos que adoram deuses falsos são vencidos por exércitos fracos que adoram o Deus verdadeiro. A própria estranheza da arma é o ponto central; ninguém poderia vencer com aquilo a menos que Deus estivesse com eles. Poderia ser uma estaca de tenda ou uma aguilhada de bois. Poderia ser um anjo. Pode ser uma queixada uma pedra ou uma canção, ou um altar cheio de água que, de repente, pega fogo. Às vezes, é um fenômeno aparentemente natural, como uma tempestade em Megido ou um trovão em Ebenézer. Qualquer que seja o meio para a vitória, isso deixa claro que o sucesso de Israel não vem da força de seu exército, mas da força de seu Deus. "'Não por força nem por violência, mas pelo meu Espírito', diz o Senhor dos Exércitos" (Zacarias 4:6).

Também há um contraste esperançoso e escatológico aqui. O triunfo das ferramentas sobre as armas, do trabalho sobre a guerra, é, em si, uma declaração profética da paz que Deus, por fim, trará ao mundo. Martelos e pedras de moinho derrotam escudos e carros de guerra porque, no fim, o mundo estará cheio de agricultores e moleiros, e não de generais e exércitos. O futuro, da forma que Isaías viu, é um futuro em que as armadilhas da guerra são supérfluas. Espadas se tornarão arados e lanças se transformarão em foices. "Pois toda bota de guerreiro usada em combate e toda veste revolvida em sangue serão queimadas, como lenha no fogo. Porque um menino nos nasceu, um filho nos foi dado, e o governo está sobre os seus ombros" (Isaías 9:5,6).

Um dia, a guerra cósmica que todos temos lutado desde o jardim terá terminado. Todos os inimigos de Cristo estarão sob seus pés. Nesse dia, não haverá necessidade de escudos ou ogivas. Mas haverá necessidade de estacas para tendas e pedras de moinho, varas e cajados, aguilhada de bois e instrumentos musicais. Espadas e lanças se tornarão obsoletas, então serão transformadas em arados e foices, momento em que as usaremos para arar os campos e podar os vinhedos do novo mundo de Deus, transformando grãos e uvas em pão e vinho.

O contraste mais profundo entre os dois, no entanto, pode ser observado em uma das passagens mais enigmáticas da Bíblia. Zacarias tem uma visão de quatro chifres e, então, lhe é dito que os chifres representam uma ameaça militar ao povo de Deus. (Isso também é o que eles representam no livro de Daniel e em Apocalipse.) Ele, então, vê quatro artesãos e ouve que, embora as nações tentem dispersar Israel, os artesãos vão aterrorizá-las e derrubá-las (Zacarias 1:18–21). Por si só, é uma imagem bizarra e intrigante, assim como a maioria das visões noturnas de Zacarias. Mas, quando compreendida no contexto mais amplo das Escrituras, ela aponta para um belo cumprimento. Os inimigos de Deus virão como exércitos brandindo chifres, o povo de Deus virá como artesãos brandindo ferramentas, e o povo de Deus vencerá.

O cumprimento dessa visão acontece na cruz. Roma, a força militar mais poderosa que o mundo já viu, reúne um batalhão de soldados para inspecionar o Rei de Israel. Eles estão armados; ele está despojado. Eles vêm com espadas e lanças; ele vem apenas no nome do Senhor Deus. Eles são cavaleiros; ele é um artesão. Eles carregam as armas mais avançadas disponíveis. Ele está carregando as ferramentas comuns de carpinteiro com as quais cresceu: pregos, martelos e tábuas de madeira.

No entanto, quando a poeira da batalha assenta, os guerreiros não são páreo para o carpinteiro. O artesão derruba os chifres. As ferramentas derrotam as armas. E a cabeça do inimigo é esmagada, atravessada em sua têmpora.

6

CHIFRE

A SALVAÇÃO DE DEUS

Ana orou e disse: "Meu coração exulta no Senhor;
meu chifre é exaltado no Senhor.
Minha boca zomba dos meus inimigos,
pois me alegro em tua salvação".
— 1Samuel 2:1[6]

Muitas mulheres tiveram a experiência de orar pedindo um filho. Se o pedido não é concedido, pode ser fonte de dor e tristeza imensas. Se for concedido, frequentemente resulta em celebração alegre e agradecimento. As Escrituras nos dão vários exemplos: Eva destacando a promessa de Deus, Sara rindo, Lia esperando que sua fertilidade faça com que seu marido a ame,

---

[6] No original em inglês, o autor utiliza a ESV, versão bíblica que mantém o termo "chifre" do texto hebraico. Nenhuma das versões brasileiras faz o mesmo, razão pela qual traduzimos as citações direto do original, com a indicação de tradução livre. (N. E.)

Raquel exclamando que sua vergonha foi removida, Isabel mantendo o silêncio durante as primeiras vinte semanas, e uma jovem que (de forma célebre) se alegra com sua gravidez, apesar de não ter orado por um filho ou mesmo de ter tido relações sexuais. Aqueles de nós que oraram por filhos podem ser capazes de se identificar com cada uma dessas respostas e talvez imaginar a si mesmos reagindo de forma semelhante se as orações fossem respondidas. Mas suspeito que nenhum de nós faria o que Ana fez: entoar uma canção sobre chifres.

"Meu coração exulta no Senhor; meu chifre é exaltado no Senhor" (1Samuel 2:1, tradução livre). Ana acabou de ter um bebê por intermédio de um milagre. O que o chifre tem a ver com isso? Estamos falando de instrumentos musicais, adornos de cabeça de animais ou de algo completamente diferente? E por quê? Então, conforme Ana termina sua oração, ela retoma o tema do chifre. "O Senhor julgará os confins da terra; ele dará força ao seu rei e exaltará o chifre do seu ungido" (2:10, tradução livre). A palavra aparece nas primeiras e últimas linhas de sua oração de agradecimento por Samuel, e ela surge novamente quando Zacarias agradece pelo nascimento de João Batista (Lucas 1:69), além de aparecer em vários salmos. Sério, o que o chifre tem a ver com bebês?

Na maioria dos casos, não muito. Eu e minha esposa demos ao nosso filho o nome de Samuel por causa dessa história em particular e agradecemos a Deus por ele todos os dias, mas, até onde sei, nunca falamos sobre chifres ao fazer isso. No entanto, o filho de Ana, Samuel, e o filho de Zacarias e Isabel, João, não são como a maioria das outras crianças. Ambos crescem e se tornam profetas: eles preparam o caminho, pregam e depois ungem o tão esperado rei de Israel. Samuel é o precursor de Davi, o rei escolhido e amado que governará no lugar do governante corrupto (Saul), salvará o povo de Deus de seus inimigos (os filisteus) e matará o gigante que o estava provocando (Golias). João é o precursor de Jesus, o Rei escolhido e amado que governará no lugar do governante corrupto (Herodes), salvará o povo de Deus de seu inimigo (o pecado) e matará o gigante que o estava provocando (a morte).

Portanto, a canção de Ana não é uma meditação pessoal na sala de parto, uma espécie de *Isn't she lovely*[7] [Ela não é adorável?] da Idade do Bronze. É mais como o hino dos Estados Unidos. É um grito de alegria no campo de batalha, celebrando o fato de que "o arco dos fortes é quebrado, porém os débeis, cingidos de força [...] os que contendem com o Senhor são quebrantados" (1Samuel 2:4,10, ARA). Por isso, ela canta sobre chifres.

Os chifres de um animal, antes de mais nada, são um sinal de força. São fundamentalmente armas, usadas para combater os predadores, defender a prole ou competir com outros membros da mesma espécie por terras, supremacia na hierarquia ou pelo direito de acasalar com determinada fêmea. As batalhas entre animais com chifres podem ser intensas, constituindo tema de documentários sobre a natureza e vídeos virais no YouTube. Um par de impalas machos pode lutar até a morte. Quando dois bisões se enfrentam, o impacto faz o chão tremer. Um búfalo, armado apenas com um par de chifres, pode perfurar e derrotar o predador mais poderoso do mundo (pesquise "leão vs. búfalo"; algumas imagens são sensacionais). Portanto, chifres representam força, poder e vitória em batalha. Ainda usamos esse simbolismo hoje nos nomes e logotipos de nossas equipes esportivas: carneiros, búfalos, touros, rinocerontes e até mesmo *vikings*. (Dito isso, devo observar que as equipes representadas por chifres ou animais com chifres têm um histórico lamentável de 1-10 no Super Bowl,[8] então essa talvez não seja uma estratégia tão boa assim.)

---

[7]Canção popular de Stevie Wonder que fala do nascimento de sua filha Aisha. (N. E.)

[8]Evento que marca a disputa do título anual do campeonato de futebol americano nos EUA. (N. E.)

Isso é o que os salmistas estão expressando quando dizem que "o Senhor é [...] o chifre da minha salvação" (Salmos 18:2, tradução livre), ou "os chifres dos justos serão erguidos" (Salmos 75:10, tradução livre), ou "[Deus] levantou um chifre para o seu povo" (Salmos 148:14, tradução livre), ou "seu chifre é exaltado em honra" (Salmos 112:9, tradução livre). Uma luta entre dois animais com chifres frequentemente começa com ambos os machos erguendo seus chifres o mais alto possível em preparação para a batalha, assim como guerreiros poderiam empunhar suas espadas ou engatilhar seus rifles. Falar de Deus como levantando um chifre para seu povo, nesse contexto, significa dizer que Deus é aquele que luta por nós. O poder para vencer é dele, não nosso. Em muitos casos, personagens bíblicos diziam isso a partir da sua própria experiência, após verem Deus derrotar seus inimigos com um dilúvio, uma emboscada, um bastão ou uma orquestra, ou dando a seu povo poder sobrenatural para prevalecer contra um oponente muito mais forte. "Ele adestrou as minhas mãos para o combate, de sorte que os meus braços vergaram um arco de bronze" (Salmos 18:34, tradução livre).

No mundo antigo do Mediterrâneo, o chifre também representava abundância. Há debate sobre o motivo — provavelmente é uma combinação da força do chifre, o uso da imagem na mitologia grega e o fato de um chifre se assemelhar a uma estranha fusão dos órgãos reprodutivos humanos —, mas, com frequência, ele era usado para representar fertilidade e abundância. Isso encontrou sua expressão mais famosa na imagem da cornucópia, um grande recipiente em forma de chifre cheio de frutas, vegetais, flores e nozes (e produtos bem diferentes em *Jogos vorazes*, de Suzanne Collins). Embora não haja uma referência explícita ao chifre da abundância nas Escrituras, pode haver um equivalente no cesto das primícias que Israel apresentava como oferta, ou no cesto de frutas de verão que Amós viu séculos depois (Deuteronômio 26:2; Amós 8:1,2).

Agora, junte esses dois significados simbólicos em um terceiro. Imagine um chifre cheio de força vitoriosa e abundância generosa na cabeça de uma poderosa fera prestes a triunfar na batalha e, então, imagine o chifre sendo quebrado, virado de cabeça para baixo, cheio de óleo e derramado sobre a cabeça do rei de Israel. Veja o chifre da unção, que cobre o indivíduo com um líquido pegajoso representando poder e força, bênção e plenitude, e o distinguindo de seus pares como o sr. Óleo Real.[9] Isso não é um toque na testa. Não é algo que você poderia aplicar de maneira respeitável e em segredo, como fizeram na coroação da rainha, em 1953. Seria algo incrivelmente óbvio, escorrendo da cabeça do rei para seus ombros, manchando suas roupas e fazendo seu rosto brilhar. Não restaria dúvida de que essa pessoa tinha sido marcada, ungida, com o poder e a abundância do Deus de Israel e, na verdade, com o próprio Espírito dele. "Samuel apanhou o chifre cheio de óleo e o ungiu na presença de seus irmãos, e, a partir daquele dia, o Espírito do Senhor apoderou-se de Davi" (1Samuel 16:13).

Essa é a imagem que usamos sempre que nos referimos a Jesus como o Messias. (A palavra hebraica *mashach* significa "besuntar" ou "ungir".) É a imagem que evocamos quando usamos a palavra Cristo ou quando nos referimos a nós mesmos como cristãos. Isso pode ser facilmente esquecido em um mundo no qual muitas pessoas pensam que Cristo é simplesmente o sobrenome de Jesus. No entanto, é a afirmação que estamos fazendo: que Jesus é aquele sobre quem o chifre da força de Deus foi elevado, em quem as riquezas da plenitude de Deus são encontradas e sobre quem o óleo do Espírito de Deus foi derramado. Nele, encontramos o poder, a abundância e a pessoa do próprio Deus, travando nossas batalhas, suprindo nossas

---

[9]Devo esse segmento maravilhoso a Francis Spufford, *Unapologetic* (London: Faber and Faber, 2012), p. 115.

necessidades e reluzindo com a presença do Espírito Santo. Nele, encontramos a vitória de Deus em forma humana, a arma mais poderosa que existe e a única necessária para sermos salvos de nossos inimigos. Zacarias estava certo: "[O Senhor] levantou um chifre de salvação para nós na casa de seu servo Davi" (Lucas 1:69, tradução livre).

Os chifres representam a força vitoriosa, a abundância fértil e o óleo real do Espírito de Deus. (Isso sem mencionar as trombetas do altar, que exigiriam outro capítulo, ou a trombeta como instrumento musical, que abordaremos em nossa seção sobre trombetas.) Como tantos símbolos bíblicos, eles nos direcionam a Jesus, a expressão perfeita de Deus em cada um desses aspectos, o que é, em última instância, o motivo pelo qual Ana estava louvando naquele dia, e por que, mil anos depois, Maria e Zacarias entoaram sua canção quando tiveram seus próprios filhos.

Mas, agora que vimos Jesus sob essa ótica, é tentador voltar ao início das Escrituras, à primeira vez que os chifres são mencionados, e perguntar se Jesus também está lá. Abraão, prestes a matar Isaque, olha em volta e vê um carneiro "preso pelos chifres num arbusto. Foi lá pegá-lo, e o sacrificou como holocausto em lugar de seu filho" (Gênesis 22:13). Assim como Jesus, o chifre da nossa salvação, esse carneiro foi imbuído de grande poder. Mas é precisamente a sua força que o leva a ser apanhado, a ser coroado com os espinhos de um arbusto e a ser apresentado por Deus no monte Moriá, como sacrifício substitutivo por outros.

Nas primeiras vezes que li a oração de Ana, eu não conseguia entender por que ela estava cantando sobre chifres. Mas agora, graças a Deus, sua canção se tornou minha: "Meu coração exulta no Senhor; meu chifre é exaltado no Senhor. Minha boca zomba dos meus inimigos, pois me alegro em tua salvação [...] O Senhor julgará os confins da terra; ele dará força ao seu rei e exaltará o chifre do seu ungido" (1Samuel 2:1,10, tradução livre).

7

GALÁXIAS

A GRANDEZA DE DEUS

"Não está Deus nas alturas dos céus?
E em que altura estão as estrelas mais distantes!"
— Jó 22:12

No meio da constelação de Escorpião, há uma grande estrela que parece vermelha quando vista a olho nu. Sua cor levou os gregos a chamarem-na Antares, "rival de Marte". Essa estrela, segundo a maior parte das estimativas, é a décima quinta estrela mais brilhante no céu noturno. Talvez você já a tenha visto. (Mais precisamente, você pode tê-la visto como era antes de Colombo descobrir a América. Antares está a 550 anos-luz de distância, então, se ela desaparecesse hoje, estaríamos nos aproximando do fim do século 26, antes que alguém se desse conta do sumiço.) Ela é uma de aproximadamente 250 bilhões de estrelas na Via Láctea, nossa galáxia local (se você não se importar de usar a palavra *local* para algo que a luz leva mil séculos para atravessar).

As galáxias estão além da nossa compreensão. Quando usamos palavras como bilhão, ano-luz ou parsec, estamos falando sobre o inimaginável. As afirmações que acabo de fazer são verdadeiras, até onde sabemos, mas eu mesmo não consigo entendê-las; a mente humana não foi realmente projetada para pensar nessa escala. Por isso, quando as Escrituras desejam "cortar as asinhas" da arrogância humana, muitas vezes apenas apontam para o céu noturno, perguntam quem o criou e deixam a magnitude das galáxias falar por si.

Acho difícil compreender o tamanho da Terra, quanto mais algo maior! Ela pesa cerca de seis milhões de milhões de bilhões de toneladas. É tão grande que parece plana quando você está sobre ela, apesar de ser esférica. A crosta terrestre, que me parece bastante grande — desde as alturas do monte Everest até as profundezas da Fossa das Marianas —, é tão fina em relação ao restante do planeta que equivale a um selo postal colado em uma bola de futebol. Você pode ver o poder das perguntas de Deus a Jó: "Onde você estava quando lancei os alicerces da terra? Responda-me, se é que você sabe tanto. Quem marcou os limites das suas dimensões? Talvez você saiba! E quem estendeu sobre ela a linha de medir?" (Jó 38:4-5).

No entanto, em termos planetários, a Terra não é grande de forma alguma. Ela é uma fração do tamanho de Saturno e menor do que a Grande Mancha Vermelha de Júpiter (fig. 1). Davi não tinha como saber disso, mas se maravilhou com o fato de que o Deus que formou o sistema solar tinha alguma ideia de quem ele era. "Quando contemplo os teus céus, obra dos teus dedos, a lua e as estrelas que ali firmaste, pergunto: Que é o homem, para que com ele te importes? E o filho do homem, para que com ele te preocupes?" (Salmos 8:3-4). Exatamente.

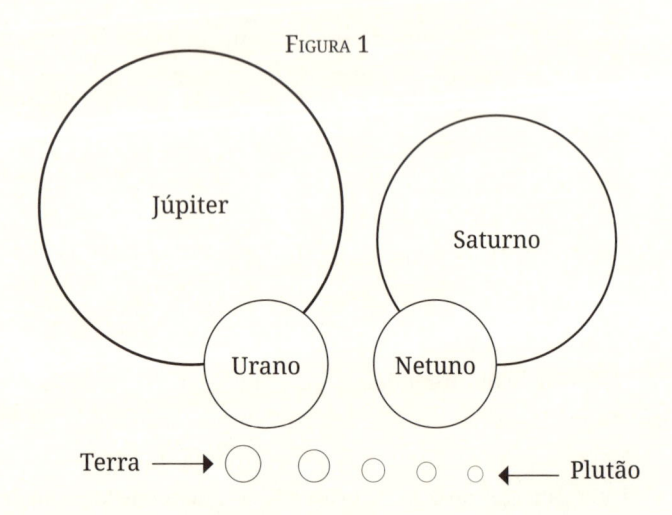

FIGURA 1

Júpiter, no entanto, tem apenas um milésimo do tamanho do sol. Se a Terra fosse do tamanho de uma ervilha, Júpiter seria uma toranja, e o sol seria uma bola de praia gigante, capaz de conter 1,3 milhão de planetas Terra em seu interior e pesando 99,8% de todo o sistema solar (fig. 2). A cada segundo, o sol perde seis milhões de toneladas de sua massa — o equivalente a um milhão de elefantes africanos machos adultos —, mas isso não faz a mínima diferença.

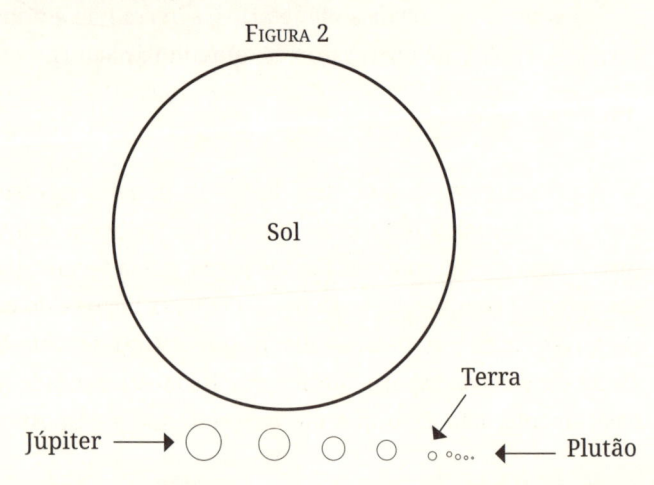

FIGURA 2

Mas o sol não é uma estrela muito grande. Comparado com Arcturus, ele é minúsculo, o que, nessa escala, significa que Júpiter é apenas um pixel e a Terra não pode ser vista de forma alguma (fig. 3). "'Com quem vocês me vão comparar? Quem se assemelha a mim?', pergunta o Santo. Ergam os olhos e olhem para as alturas. Quem criou tudo isso? Aquele que põe em marcha cada estrela do seu exército celestial, e a todas chama pelo nome. Tão grande é o seu poder e tão imensa a sua força, que nenhuma delas deixa de comparecer!" (Isaías 40:25-26). Arcturus é o lembrete muito necessário, ainda mais em uma geração que exalta o homem e nega Deus, de que Deus é muito grande e os seres humanos são muito pequenos.

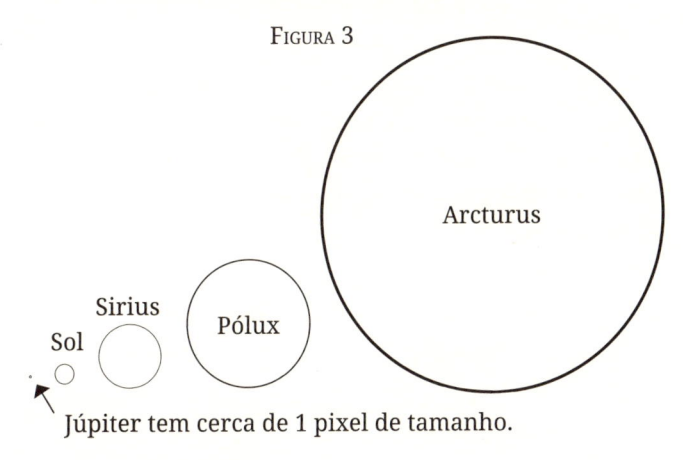

FIGURA 3

Arcturus

Sirius

Sol

Pólux

Júpiter tem cerca de 1 pixel de tamanho.

A Terra é invisível nessa escala.

A primeira vez que vi essas imagens, fiquei impressionado com o comentário feito pelo desenhista: "A Terra é invisível nessa escala". Nenhum dos nossos feitos, nossa tecnologia, nossos reinos e conquistas, nada disso pode ser visto lá do espaço. Com frequência, as pessoas dizem que a Grande Muralha da China é visível do espaço. Mesmo que isso fosse verdade (o que, basicamente, não é), o que me parece é que a resposta óbvia seria que ela não é visível da *maior parte* do espaço; ela é visível apenas de uma parte muito pequena e específica do espaço, diretamente acima da Grande Muralha da China. Cinquenta anos atrás, John Lennon se gabou de que os Beatles eram maiores do que Jesus; uma geração depois, Oasis perguntou quando Deus havia tocado pela última vez em Knebworth. Mas, então, a câmera se afasta para revelar Arcturus, e tudo soa um tanto irrelevante. "Não está Deus nas alturas dos céus? E em que altura estão as estrelas mais distantes!" (Jó 22:12).

Então vemos Antares.

FIGURA 4

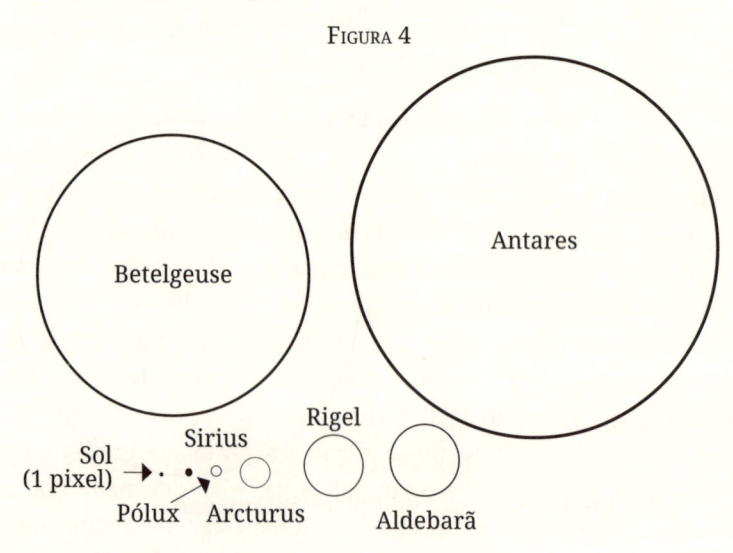

Júpiter é invisível nessa escala.

Agora Arcturus parece uma ervilha, o sol é apenas um pixel e Júpiter é invisível (fig. 4). Antares é tão vasto que nem sequer sabemos quão grande é. Mas, se essa estrela fosse colocada no centro do sistema solar, se estenderia até algum lugar entre as órbitas de Marte e Júpiter. (Ela nem mesmo é a maior estrela lá em cima; VY Canis Majoris é trinta vezes maior, o que corresponde a impressionantes três bilhões de vezes o tamanho do sol, mas é preciso parar em algum lugar.) A maioria de nós nunca ouviu falar de Antares, mas ela estará lá em cima bem radiante esta noite, oferecendo um desafio permanente e contundente para aqueles que diminuem Deus a cada geração, aqueles que nos asseguram que o Senhor nunca poderia dizer isso, saber aquilo ou fazer tal coisa. Oh, sim, ele pode, diz Antares. Oh, sim, ele pode, diz Jeremias. "Ah! Soberano Senhor, tu fizeste os céus e a terra pelo teu grande poder e por teu braço estendido. Nada é difícil demais para ti" (Jeremias 32:17).

Tudo isso sem sair da Via Láctea. Quando fizermos isso, descobriremos que esse deslumbrante festival de estrelas é apenas uma gota no oceano galáctico, no qual se estima que existam atualmente dois trilhões de galáxias, contendo ainda mais estrelas do que grãos de areia em todas as praias e todos os desertos do mundo. Dificilmente passa um ano sem que um artigo científico ou uma matéria de revista anuncie que o universo é ainda maior do que pensávamos: um número inimaginável de galáxias, contendo um número impensável de estrelas, em uma escala genuinamente incompreensível.

Às vezes as pessoas se perguntam por que Deus criou todas essas galáxias, ou mesmo se esse grande número levanta dúvidas sobre sua existência. Por que, se Deus está realmente tão comprometido com as pessoas que carregam sua imagem, ele se daria o trabalho de criar tantas galáxias que nada têm a ver conosco e que nem sequer podíamos ver até alguns anos atrás? Posso pensar em todos os tipos de respostas a essa pergunta: para nos humilhar, para expressar sua criatividade sem limites, para nos inspirar a adorar, para nos dar um gostinho do infinito, para nos ajudar a compreender declarações como "infinitamente mais do que tudo o que pedimos ou pensamos" (Efésios 3:20) e "insondáveis riquezas" (v. 8), ou simplesmente para lhe dar a alegria de ter feito todas elas. Mas às vezes me pergunto se ele fez isso pela diversão de ver nossos queixos caírem quando lemos Gênesis 1:16: "fez também as estrelas".

8

PEDRAS

O TRIUNFO DE DEUS

A pedra que os construtores rejeitaram
tornou-se a pedra angular.
Isso vem do SENHOR,
e é algo maravilhoso para nós
— SALMOS 118:22-23

N a noite anterior à sua morte, Jesus cantou um hino com seus amigos (Mateus 26:30). Foi logo após a Ceia do Senhor e pouco antes de ele ir ao monte das Oliveiras para orar. Não podemos ter certeza, mas é muito provável que o hino tenha sido retirado dos salmos 113—118, os "salmos Halel", que eram (e ainda são) tradicionalmente cantados pelos judeus na Páscoa. Ele pode ter cantado todos eles. Ele pode ter cantado apenas o último, uma celebração do resgate de Deus da angústia, dos inimigos e da ameaça de morte. De qualquer forma, é lindo pensar que a última coisa que Jesus fez antes de ir ao local de sua captura foi entoar um cântico de libertação: "O SENHOR está comigo, não temerei. O que me podem fazer os homens? [...] Empurraram-me para forçar a minha queda, mas o SENHOR me ajudou [...] Não morrerei; mas vivo ficarei para anunciar os feitos do SENHOR" (Salmos 118:6,13,17). No entanto, o momento mais dramático do salmo ocorre perto do fim: "A pedra que os construtores rejeitaram tornou-se a pedra angular" (v. 22). Você pode imaginar aquele grupo de homens cantando na noite clara de abril, mesmo que apenas um deles, Jesus, realmente compreendia as implicações disso. "Isso vem do SENHOR, e é algo maravilhoso para nós" (v. 23).

Parece estranho que, em um momento tão crucial na história do mundo, Jesus cante sobre pedras. Parece ainda mais estranho quando você percebe que não se trata de um caso isolado. Cinco dias antes, logo após entrar em Jerusalém, Jesus havia citado essa mesma passagem como o desfecho de sua parábola sobre os lavradores maus (Mateus 21:42). Em hebraico, o desfecho envolve um trocadilho provocativo: uma história sobre um filho rejeitado (*ben*) se torna uma letra sobre uma pedra rejeitada ('*eben*), que, então, se torna a pedra mais fundamental de todas. Para aqueles que têm ouvidos para ouvir, é uma parábola sobre Jesus: o Filho e a Pedra, que é rejeitado, apenas para ser justificado e exaltado ao lugar de maior honra.

Elevando o nível, Jesus traz para a conversa mais duas passagens do Antigo Testamento sobre pedras. "Aquele que cair sobre esta pedra será despedaçado", diz ele de forma enigmática, "e aquele sobre quem ela cair será reduzido a pó" (v. 44). Agora, temos uma fusão desconcertante de imagens. A primeira citação é retirada de Isaías 8:14-15, uma profecia de julgamento em que a pedra é o próprio Senhor: uma pedra de tropeço, uma pedra no sapato que fará muitos em Israel tropeçarem e caírem. Na segunda, extraída de Daniel 2:34-35, a pedra é o reino de Deus, que, embora pareça pequeno e despretensioso no começo, acaba destruindo todos os impérios mundanos e preenchendo toda a terra. Então, agora temos três pedras no Antigo Testamento, que, aparentemente, representam coisas diferentes.

Mais impressionante ainda é o fato de Jesus afirmar ser todas as três. Em Daniel, ele é a pequena pedra que esmaga os impérios idólatras e cujo domínio derradeiramente preenche o mundo. Na imagem de Isaías, ele é o Senhor em pessoa, que será uma fonte de escândalo para Israel e fará com que muitos tropecem e caiam. Ele também é a pedra sobre a qual o salmista cantou, inicialmente rejeitada e depois transformada na pedra angular. Essa é a história de sua vida em três pedras. Deus vem à terra, escandaliza as pessoas, desafia os poderes mundanos, é rejeitado tanto por seu povo como pelos impérios do mundo e, então, é elevado para se tornar o alicerce do templo de Deus, recebendo um reino que preenche a terra. Não causa admiração que ele tenha encerrado a Ceia do Senhor cantando sobre isso.

Em nosso mundo, algumas dessas conexões são mais obscuras. No mundo de Jesus, as pedras gigantes com as quais o templo foi construído eram feitas do mesmo material que as coisas nas quais você poderia tropeçar ao caminhar pela rua. Mas nós não falamos realmente sobre pedras de tropeço e pedras angulares. Falamos sobre seixos ou pedaços de cascalho, e os colocamos em uma categoria diferente daquela em que colocamos as coisas que solidificam construções, como fundações de concreto ou vigas de ferro. Não percebemos a conexão linguística e, com frequência, também não nos damos conta do ponto principal.

Portanto, pode ser útil pensar em mangas. No centro de cada manga, há um caroço, com cerca de cinco centímetros de comprimento. O caroço é tão duro quanto granito: se você morder uma manga madura sem saber que ele está lá, pode danificar seriamente seus dentes. Além disso, é extremamente difícil removê-lo. Como as mangas são tão deliciosas, há dezenas de vídeos no YouTube sobre como se livrar do caroço e fazer com que a manga inteira se pareça com um ouriço. (O YouTube mente. De acordo com a minha experiência, o método nunca funciona e, de qualquer maneira, a manga no vídeo não se parece nem de longe com um ouriço.) Mas, embora tratemos o caroço como um incômodo, algo que nos impede de apreciar o sabor doce da fruta madura, ele é, em última análise, a parte mais importante da manga. É a semente, o doador de vida, o alicerce para todas as futuras gerações de mangueiras. É uma pedra de escândalo e uma pedra de tropeço, que a maioria de nós remove e joga fora, mas, após ser rejeitada, torna-se a pedra angular e preenche o mundo com frutas.

Se você deixar de lado a última semana da vida de Jesus e refletir sobre como as pedras funcionam nas Escrituras como um todo, começará a notar a ampla gama de coisas que elas significam. Em primeiro lugar, as pedras selam coisas. Elas cobrem poços para impedir que animais caiam dentro (Gênesis 29:2-3). Elas bloqueiam entradas e saídas para impedir que pessoas (ou até mesmo leões) entrem ou saiam (Daniel 6:17). Elas são as portas de segurança do mundo antigo.

Pedras constroem coisas. Elas constroem casas, altares e templos. O enorme tamanho das pedras no templo de Jerusalém — algumas dessas pedras, aliás, estão lá até hoje — foi fonte de espanto e admiração para os discípulos. "Olha, Mestre! Que pedras enormes! Que construções magníficas!" (Marcos 13:1). Embora Jesus não tenha ficado tão impressionado — "Aqui não ficará pedra sobre pedra" (v. 2) —, isso não aconteceu por ele não se importar com o fato de a casa de Deus ser construída com pedras; foi porque as pedras que ele usaria estavam vivas (1Pedro 2:5).

Pedras homenageiam coisas. Quando Jacó acordou de sua visão de uma escada que alcançava do céu à terra, ele nomeou o lugar de Betel, "casa de Deus", e marcou o local com a pedra sobre a qual havia dormido, transformando seu travesseiro em um pilar (Gênesis 28:18-19). Josué comemorou a travessia do

Jordão com um monte de doze pedras em Gilgal (Josué 4:20). Após liderar Israel para a vitória contra os filisteus, Samuel ergueu uma "pedra de ajuda", um *eben-ezer*, para que os israelitas não esquecessem que "Até aqui o SENHOR nos ajudou" (1Samuel 7:12). Quando gerações seguintes se perguntarem se Deus está entre eles ou se, alguma vez, ajudou seu povo, as pedras bradarão.

Pedras são usadas para julgamento. Diversas vezes nas Escrituras, você encontra um monte de pedras sendo erguido sobre uma pessoa que foi julgada por Deus, como no caso de Acã (Josué 7:26), do rei de Ai (8:29) ou de Absalão (2Samuel 18:17). Em outras ocasiões, por mais terrível que seja pensar sobre o assunto, pedras são usadas para executar pessoas por certos crimes. Isso explica por que tempestades de granizo servem para executar o julgamento divino, como ocorre desde o Êxodo até o Apocalipse: "do céu o SENHOR lançou sobre eles grandes pedras de granizo" (Josué 10:11). Isso mostra por que importava que Golias, que havia blasfemado publicamente contra o Deus vivo, fosse morto com uma pedra em vez de uma espada, dardo ou lança (1Samuel 17:49). Isso também constitui o pano de fundo para uma das declarações mais famosas de Jesus, de que apenas a pessoa sem pecado deveria atirar a primeira pedra (João 8:7).

No entanto, a pedra mais famosa da história — mais fundamental do que as paredes do templo, mais admirada do que Stonehenge — é a pedra que não estava lá. A pedra em frente ao túmulo de Jesus deveria ser um selo, uma porta de segurança, impedindo qualquer pessoa de entrar ou sair. (Russell Moore avalia Mateus 27:65, a instrução de Pilatos aos soldados no final da Sexta-Feira Santa, como a declaração mais hilária da Bíblia: "Podem ir, e mantenham o sepulcro em segurança como acharem melhor". Boa sorte com isso!) Essa pedra ausente se tornou o fundamento sobre o qual o novo mundo será construído. É o *eben-ezer* que lembra a todas as gerações até que ponto o

Senhor as ajudou. Ela executou o julgamento sobre a própria morte. É a pedra que foi jogada de lado pelo único que verdadeiramente nunca havia pecado.

Quando o sol nasceu, naquela manhã, a pedra imóvel da morte foi rejeitada para que a Pedra da Vida, que os construtores haviam rejeitado, pudesse tornar-se a Pedra Angular. Isso, como Jesus e seus discípulos haviam cantado três noites antes, vem do Senhor. E é maravilhoso para nós.

9

MEL

A DOÇURA DE DEUS

Coma mel, meu filho. É bom.
O favo é doce ao paladar.
— PROVÉRBIOS 24:13

Os armários de café da manhã são uma invenção um tanto recente. Quando dou uma olhada na prateleira que fica logo acima da minha torradeira, deparo com uma série de opções que seriam desconhecidas para as pessoas há algumas centenas de anos. Geleias, doces, marmeladas, conservas e coalhadas de frutas necessitam de tanto açúcar que sua produção era praticamente impossível antes de a cana-de-açúcar começar a ser produzida comercialmente. O mesmo vale para as pastas de chocolate. Marmite[10] não era consumida em lugar nenhum até

---

[10]Pasta concentrada à base de leveduras muito famosa na Inglaterra, de gosto bastante controvertido. No Brasil, a marca é conhecida como Cenovit. (N. E.)

o século 20 e, na maior parte do mundo, ainda não é (já que muitas pessoas estão convencidas de que ela tem um gosto ruim dos infernos, e eu não vislumbro uma mudança nisso tão cedo). O Bovril[11] foi inventado em 1870. Os cereais matinais modernos surgiram vinte anos antes disso. Portanto, as únicas duas coisas na prateleira do meu café da manhã que seriam reconhecidas por George Washington ou Napoleão são aveia (e eu não tenho ideia de quem na minha família realmente come isso, embora eu tenha minhas suspeitas) e o mais doce e nutritivo produto no armário: mel.

O mel é surpreendente. Se eu tivesse uma refeição de *potluck*[12] com Shakespeare, Genghis Khan, Maomé, Cleópatra, Rainha Ester, Tutancâmon e Abraão, ficaríamos confusos ou enojados com muitas das contribuições, mas todos nos reuni-ríamos em torno do pote dourado. O mel perdura ao longo dos séculos, não apenas metaforicamente, mas de forma literal; ele nunca perde a validade, então, se um arqueólogo curioso encontrasse um pote selado de mel da Idade da Pedra em uma caverna qualquer, você seria capaz de espalhá-lo sobre o seu *muffin* no momento do chá. E ambas essas coisas são verdadei-ras por causa de uma característica genuinamente notável dele: o mel não é processado. Em nosso mundo, praticamente tudo o que comemos é tratado, esterilizado, cozido ou pasteurizado e depois combinado com outras coisas para dar ainda mais sabor. (Se você já tentou cortar todo o açúcar ou o sal de sua dieta, sabe como é difícil viver sem eles.) Mas o mel é praticamente único, por não precisar de aditivos, aromatizantes ou conservantes. Ele é luxuosamente doce e delicioso sem nem mesmo tentar.

Temos de agradecer às abelhas por isso. Elas vasculham o interior das flores para encontrar néctar, às vezes também

---

[11]Extrato de carne feito a partir de carne de vaca de alta qualidade. (N. E.)
[12]Tipo de evento em que cada pessoa leva um prato para todos compartilha-rem. (N. E.)

coletando melada, e o digerem enquanto voam. Ao retornarem, as forrageiras realizam uma dança que explica às outras onde encontraram o néctar — uma dança que, de forma inacreditável, leva em consideração a posição do sol em relação à fonte de alimento, a distância que voaram, a qualidade do alimento disponível e até mesmo a velocidade do vento — e passam o néctar para suas colegas na colmeia, que, por sua vez, o repassam de abelha para abelha até que esteja suficientemente digerido para ser armazenado. Isso leva até vinte minutos. Quando está pronto, elas o colocam nas células do favo de mel e aumentam gradativamente seu teor de açúcar, fazendo a água evaporar com o calor de seus corpos e batendo continuamente suas asas para manter o ar circulando. Quando o teor de açúcar está suficientemente elevado para garantir que o mel não fermente, elas selam a célula com cera e passam para a próxima. Até onde sei, ninguém jamais publicou um artigo acadêmico provando a existência de Deus a partir da existência das abelhas, mas bem que alguém poderia tomar essa iniciativa.

O resultado desse espetáculo de buscar, dançar, digerir, armazenar, aquecer, bater as asas e aplicar a cera é um líquido viscoso de cor âmbar, tão doce quanto açúcar granulado. É pegajoso, nutritivo, dourado e delicioso. Ele ilumina os olhos e vivifica a alma (1Samuel 14:27-29). Por isso o usamos como um termo complementar para palavras (meloso), aromas (melífluos) e vozes (melodiosas), além de ser um termo carinhoso para nos referir às pessoas que amamos ("Oi, meu favo de mel"). Também é por isso que compartilhamos nosso apreço por ele com Sansão, guaxinins, gambás, os faraós egípcios, texugos-do-mel, Salomão e o Ursinho Pooh. "Coma mel, meu filho. É bom. O favo é doce ao paladar" (Provérbios 24:13).

E Deus é o fabricante do mel. Um Deus sem estômago, sem língua, sem gosto por doces e que não necessita de calorias inventou as propriedades do mel antes de criar os átomos.

Ele inventou sua cor e sua textura, imaginou como ele penetraria nos orifícios dos bolinhos e visualizou os sabores indescritíveis que surgiriam quando fosse misturado a sal marinho e transformado em sorvete. Ele concebeu sua capacidade de se disseminar, sua longevidade e as propriedades medicinais. Ele previu a elaborada dança das abelhas e sorriu. Então, Deus falou e tudo isso se fez, e eis que era bom.

As Escrituras nunca falam sobre a doçura divina ou usam o mel como uma ilustração de Deus. Isso seria facilmente mal interpretado: alimentaria nossa tendência de domesticar Deus e imaginá-lo como uma adição confortável à nossa vida aconchegante, um tempero pelo qual podemos optar de acordo com nosso humor, um condimento espiritual. (Uma simples olhada na igreja contemporânea sugere que não precisamos de mais incentivo nesse sentido!) No entanto, o mel aparece sessenta vezes na Bíblia e, na maioria dos casos, representa uma de três coisas. Cada uma delas revela algo que, sem nos preocuparmos tanto com a precisão de termos, poderíamos chamar de a doçura de Deus.

O mel representa a terra de Deus e o resgate de Deus. Ao lermos a história da sarça em chamas em Êxodo 3, a maioria de nós se concentra (com razão) naquelas três expressões gloriosas do nome divino: "o Deus de Abraão [...] Isaque [...] Jacó" (v. 6), "Eu Sou o que Sou" (v. 14), e "O Senhor" (v. 15). Mas a promessa que Moisés recebe naquele dia e que, mais tarde, transmite aos israelitas é esta: "Por isso desci para livrá-los das mãos dos egípcios e tirá-los daqui para uma terra boa e vasta, onde há leite e mel com fartura" (v. 8; veja tb. v. 17). Essa é uma maneira poeticamente bela de falar sobre a redenção do cativeiro para a liberdade. Israel conheceu a escravidão e a servidão, mas o Senhor está resgatando-o para a doçura e a abundância. Israel comeu ervas amargas, mas comerá leite e mel. Essa promessa está no cerne da história do Antigo Testamento, e por isso é repetida com tanta frequência (Êxodo 13:5;

33:3; Levítico 20:24; Números 13:27; 14:8; Deuteronômio 6:3; 11:9; 26:9,15; 27:3; 31:20; Josué 5:6; Jeremias 11:5; 32:22; Ezequiel 20:6,15). E é uma das maneiras mais comuns na Bíblia de falar sobre o compromisso de Deus em abençoar e resgatar seu povo. Quando nossas circunstâncias são difíceis, ainda adoramos um Deus que pega o vinagre de nossa situação e o transforma em mel. Mesmo quando nosso presente é amargo — e, nesta era, muitas vezes é —, nosso futuro é doce.[13]

O mel representa a lei de Deus e a palavra de Deus. Davi diz que as regras do Senhor que nos advertem e nos guiam "são mais doces do que o mel, do que as gotas do favo" (Salmos 19:10). O salmista canta a Deus: "Como são doces para o meu paladar as tuas palavras! Mais do que o mel para a minha boca!" (Salmos 119:103). Tanto Ezequiel como João relatam visões nas quais comem o rolo da palavra de Deus e ele tem um sabor tão doce quanto o mel em suas bocas (Ezequiel 3:3; Apocalipse 10:9-10). Portanto, o ato de ler e refletir sobre as Escrituras é como mergulhar sua colher, sua concha ou talvez até mesmo sua mão nas profundezas açucaradas de um favo de mel para pegar e comer seu conteúdo. A Palavra de Deus é rica, saborosa, satisfatória e agradável. Ela ilumina os olhos e vivifica a alma. Não precisa de quaisquer aromatizantes ou conservantes para melhorar o sabor e você não pode acrescentar ou tirar algo dela. Ela perdura ao longo dos séculos e nunca perde a validade. Você e eu podemos tomar as porções das Escrituras que os arqueólogos encontraram nas cavernas, até mesmo milhares de anos atrás, e elas são tão vivificantes hoje quanto eram quando foram escritas pela primeira vez. Em um mundo cheio de produtos processados e sabedoria espúria, as palavras de Deus são puras, douradas e luxuosamente doces sem nem mesmo tentar.

---

[13]É interessante constatar que o primeiro milagre que Deus realiza depois de Israel atravessar o mar Vermelho e deixar o Egito para trás é o de curar a água amarga, tornando-a doce (Êxodo 15:22-25).

O mel representa a dádiva e a graça de Deus. A primeira vez que encontramos o mel na Bíblia é como um presente, dado por uma pessoa para ganhar o favor de outra. Esse padrão se repete várias vezes: de Jacó para José (Gênesis 43:11), do povo de Maanaim para Davi (2Samuel 17:27-29), de Jeroboão para Aías (1Reis 14:3) e de Israel para Deus (2Crônicas 31:5). Mas, quando Deus nos dá mel, não é para ganhar um favor nosso ou trocá-lo por outra coisa. Deus não precisa de nada nem de ninguém. Em vez disso, ele dá mel — e sua dádiva graciosa em geral — simplesmente para abençoar. É difícil pensar em duas dádivas na Bíblia mais imerecidas e unilaterais do que o maná, que Deus (literalmente) produz de forma milagrosa, e a água que jorra da rocha no deserto. Em nenhum dos casos Israel faz algo; eles simplesmente chegam a algum lugar, gemendo e exaustos, e Deus providencia muito mais do que eles seriam capazes de pedir ou imaginar. Portanto, talvez seja significativo o fato de o maná ter gosto de mel (Êxodo 16:31) e a água ser posteriormente chamada de "mel da rocha" (Salmos 81:16). O mel, aparentemente, é um símbolo da doçura abundante das dádivas graciosas de Deus, que não podem ser conquistadas, negociadas, compradas ou trocadas. Podem apenas ser recebidas.

Somos chamados não apenas a aprender sobre Deus, mas também para experimentá-lo. Somos convidados a provar sua doçura e permitir que sua riqueza dourada — maravilhosamente expressa em seu resgate, em sua Palavra e em sua graça — ilumine nossos olhos e refresque nossa alma. "Provem e vejam como o Senhor é bom" (Salmos 34:8).

10

SEXO

O AMOR DE DEUS

Entrei em meu jardim,
minha irmã, minha noiva;
ajuntei a minha mirra
com as minhas especiarias.
Comi o meu favo e o meu mel;
bebi o meu vinho e o meu leite.
Comam, amigos,
bebam quanto puderem, ó amados!
— CÂNTICO DOS CÂNTICOS 5:1

Eu li pela primeira vez os Cânticos de Salomão quando tinha cerca de dez anos e comecei a rir. Eu estava em uma aula de estudos religiosos na escola e todos tínhamos Bíblias em nossas mesas, e um de meus amigos descobriu a seção mais sensual, ilícita e engraçada de todo o livro. (Olhando agora para trás, vejo que não pode ter sido coincidência; ele deve sido apresentado a isso por um pai jocoso.) Encontramos ouro naquele dia.

Nós olhávamos para aquele exemplar e tentávamos em vão reprimir o riso de versículos como "seu porte é como o da palmeira; os seus seios, como cachos de frutos. Eu disse: Subirei a palmeira e me apossarei dos seus frutos" (Cânticos 7:7-8), e depois vasculhei nossas próprias Bíblias para ver se elas continham a mesma passagem. Quando a encontrávamos, caíamos na gargalhada e mostrávamos ao colega do lado para compartilhar a diversão, e assim continuava. O senhor Cripps nem sequer se irritou com isso. Imagino que ele já tivesse visto essa mesma cena antes.

Eu não reajo mais ao Cântico dos Cânticos dessa forma. Ouvi sermões e li livros sobre o assunto, estudei-o em meus momentos devocionais e percebi como esse livro é misterioso, rico e belo. Tenho visto como ele celebra tanto o amor sexual no casamento como o romance entre Deus e seu povo, que o amor sexual no casamento pretende refletir.

Mas, com frequência, reflito sobre minha reação aos dez anos de idade, porque, de uma forma tola e infantil, ela reflete duas coisas sobre o sexo e Deus que são igualmente verdadeiras, tanto para adultos como para crianças. Primeiro: é genuinamente notável que Deus ame tanto o romance, a poesia, o mistério e a fisicalidade do sexo que incluiu uma canção sobre isso na Bíblia. A visão de Deus sobre o sexo é claramente mais elevada do que pensamos, quer essa descoberta provoque constrangimento, diversão ou gratidão adoradora. Segundo: por outro lado, nossa visão do sexo é claramente menos elevada do que imaginávamos. Embora vivamos em uma sociedade que se orgulha de ter uma visão positiva do sexo, nossas representações culturais são muito mais propensas a simulações baratas ou risadas infantis do que à celebração desinibida, audaciosa e bela da intimidade sexual que você encontra em Cânticos. E, quando o sexo se transforma em mercadoria, torna-se superficial, diluído, banalizado, o que, no fim das contas, leva as pessoas a vê-lo como menos significativo, e não mais. Fico pensando no estudante que foi questionado pela feminista Naomi Wolf se se apressar em ir para a cama com outras pessoas eliminava o mistério do sexo. "Mistério?", retrucou o estudante. "Eu não sei do que você está falando. Sexo não tem mistério."[14]

Essa redução do sexo à banalidade decorre, em parte, da formulação de perguntas equivocadas. No Ocidente contemporâneo, conforme refletido tanto na cultura popular *mainstream* como na pornografia, as perguntas sobre sexo predominantes giram em torno de *como* (técnica, frequência, posição, melhorias) e *onde* (localização, ambiente). As respostas religiosas e moralistas frequentemente abordam isso concentrando-se em *quem* (a pessoa certa, "a única", seu parceiro de vida) e *quando* (após firmado o compromisso e/ou o casamento). Cada uma dessas perguntas tem seu lugar, e cada uma delas é abordada em certa medida em Cânticos. No entanto, as perguntas cruciais, do ponto de vista cristão, são o que é o sexo e por que Deus o criou.

Deus é espírito e não tem órgãos sexuais. Mesmo quando ele assume a forma humana com órgãos sexuais na pessoa de Jesus, ele permanece solteiro e celibatário. Ele poderia muito bem ter criado os humanos para se reproduzirem assexuadamente (como a maioria das bactérias), ou sem que houvesse contato entre eles (como a maioria das plantas), ou de uma forma funcional que visasse apenas à reprodução, e não ao prazer (como a maioria dos animais). Mas ele nos concedeu a dádiva de experimentar a intimidade sexual de maneira profundamente emocional e enriquecedora. Ele criou nossos órgãos sexuais para que se encaixassem, o masculino no feminino. Ele deu às mulheres uma parte do corpo cujo único propósito é aumentar o prazer sexual delas. E ele inspirou um livro da Bíblia para celebrar toda essa extravagância. Esse livro é um poema rico e explícito que se deleita em tocar e beijar, lábios e cabelos, curvas e músculos.

---

[14]Naomi Wolf, "The porn myth", *New York* (24 maio 2004), disponível em: https://nymag.com/nymetro/news/trends/n_9437/.

Por quê? O que é o sexo — o que ele significa, representa, incorpora para nós — para que Deus o tenha feito dessa maneira?

Uma resposta óbvia, e que não devemos ignorar, é que o propósito principal do sexo é ter filhos. Tudo o que o torna prazeroso — físico, emocional, hormonal, espiritual — é concebido para fortalecer o vínculo entre marido e mulher e permitir que enfrentem juntos os desafios da gravidez, do parto e da paternidade. É fácil esquecer-se disso em uma sociedade em que é tão comum ter relações sexuais sem conceber filhos (por meio de contraceptivos) e conceber filhos sem ter relações sexuais (por meio de fertilização *in vitro*), mas esse preceito é claramente fundamental para o propósito do sexo, desde que Deus declarou: "Sejam férteis e multipliquem-se!" (Gênesis 1:28). Biblicamente falando, o sexo aponta para a procriação. Fazer amor é se entregar, não apenas à pessoa que está diante de você, mas também ao pequeno ser que pode vir depois de você.

Essa, se você preferir, é a resposta relacional às perguntas sobre o que é o sexo e por que Deus o fez dessa maneira. No entanto, as Escrituras nos fornecem também respostas teológicas. Três delas se destacam em particular.

O sexo está relacionado à criação. Pense, por um instante, em Gênesis 1: toda a estrutura da criação é composta por pares complementares, que são distinguidos entre si como parte do *design* criativo de Deus. No começo, a terra estava "sem forma e vazia" (v. 2), e o trabalho criativo de Deus consistia em fazer distinções entre coisas ou separá-las para trazer ordem e vida. Temos a luz e a escuridão, o dia e a noite, o céu e a terra, a terra e o mar, o sol e a lua, o masculino e o feminino. O sexo — que, até bem recentemente, significava apenas "masculino" ou "feminino", e não a "relação sexual" — espelha a harmonia de um para um, a complementaridade, o "encaixe" existente em toda a criação.

Não temos um sol e muitas luas, tampouco dois dias para cada noite; temos um de cada. Não obtemos vida se tivermos terra acima e terra abaixo (que é, basicamente, o que uma caverna é) ou céu acima e céu abaixo (que é, basicamente, o que um gigante gasoso como Júpiter é); obtemos vida ao termos um de cada, com o céu acima produzindo água e a terra abaixo a recebendo e gerando vida. (Estou supondo que as analogias sexuais não precisam de um diagrama.) E, assim como o masculino e o feminino são separados na criação, com a perspectiva de se unirem novamente no casamento, assim também os céus e a terra, embora separados por enquanto, serão finalmente unidos no casamento cósmico, na nova criação. Dois se tornarão um, e aqueles que Deus uniu, que ninguém separe!

O sexo também está relacionado à adoração. Biblicamente, existe uma conexão entre o número de deuses que você adora e o número de parceiros sexuais que você tem. Os Dez Mandamentos exigem uma abordagem exclusiva à adoração ("Não terás outros deuses além de mim") e uma abordagem exclusiva da sexualidade (efetivamente, "Não terás outros maridos/esposas além dele/dela"). Quando Israel viola um desses mandamentos, desde o incidente do bezerro de ouro, ele viola o outro. O livro de Oseias desenvolve essa imagem em detalhes particularmente vívidos, retratando Deus como um marido fiel e Israel como sua esposa promíscua, mas muitos outros escritores bíblicos apresentam a idolatria como um ato de imoralidade sexual com outros deuses. "Antes se prostituíram com outros deuses e os adoraram" (Juízes 2:17). Paulo argumenta que a idolatria se espelha na imoralidade sexual, ambas envolvendo o abandono de um Deus/parceiro que é diferente de você em troca de muitos deuses/parceiros que são iguais a você. Nossa sexualidade reflete nossa adoração. A fidelidade em uma área reflete a fidelidade na outra.

E o sexo também está relacionado ao evangelho. As relações sexuais, compartilhadas entre esposo e esposa no contexto do casamento, oferecem uma profunda ilustração da mensagem cristã. "O homem deixará pai e mãe e se unirá à sua mulher", diz Paulo, "'e os dois se tornarão uma só carne'. Este mistério é profundo, e estou dizendo que se refere a Cristo e à igreja" (Efésios 5:31-32). Fazemos promessas, renunciamos a todas as outras pessoas, trocamos alianças, celebramos com uma refeição, compartilhamos todos os nossos bens materiais, adotamos um novo sobrenome de família e, então, temos relações sexuais como um selo físico de nosso compromisso, acreditando que, por meio dele, Deus trará nova vida, e assim celebramos nossa união e entrega mútua, bem como nossa devoção a Deus.

Cada um desses passos proclama o evangelho. Jesus promete nunca nos deixar ou abandonar. Nós prometemos renunciar a todos os outros deuses enquanto vivermos. Ele nos dá um presente que sela a aliança (seu Espírito Santo) e nos fornece uma refeição para celebrar com toda a família (pão e vinho). Todos os seus bens se tornam nossos, e todas as nossas dívidas se tornam dele. Assumimos o seu nome. Entramos em união com Cristo e somos batizados nas águas como um selo físico do nosso compromisso, confiando que, por meio disso, Deus trará nova vida, enquanto celebramos nossa união e entrega mútua.

Isso nos leva de volta ao Cântico dos Cânticos. O sexo é algo belo, um presente amoroso de um Deus generoso e abundante. No entanto, não é algo supremo. É uma sombra, uma ilustração, uma silhueta, cujo verdadeiro cumprimento é encontrado no amor que Deus tem por seu povo, e é isso que o torna misterioso, significativo e transcendente.

Muitos ficam surpresos quando descobrem em que medida nossos ensinamentos mais ricos sobre sexualidade, casamento e nova criação provêm de pessoas solteiras. João, o amigo do noivo (João 3:29), Paulo, o padrinho (2Coríntios 11:2), o próprio Jesus e inúmeros padres, papas, monges, freiras e outros crentes solteiros passaram décadas refletindo, orando e antecipando o casamento entre Cristo e a igreja.

De muitas maneiras, no entanto, isso não é surpreendente de modo algum. Pessoas casadas, entendendo que o sexo se faz fundamentalmente presente para elas e para seus cônjuges, podem ficar tão obcecadas com a imagem que se esquecem da realidade suprema, como alguém que está nas Cataratas de Vitória assistindo a gravações de vídeo dessa mesma catarata em seu telefone. Pessoas solteiras muitas vezes sabem mais. O sexo é um sinal. É apenas um vislumbre de um relacionamento, de uma união e de uma felicidade que são maiores e mais profundos do que nossa imaginação mais arrojada. "Comam, amigos, bebam quanto puderem, ó amados! (Cânticos 5:1).

11

MONTANHAS

As alianças de Deus

Nos últimos dias
o monte do templo do Senhor
será estabelecido como o principal;
será elevado acima das colinas,
e todas as nações correrão para ele.
Virão muitos povos e dirão:
"Venham, subamos ao monte do Senhor,
ao templo do Deus de Jacó".
— Isaías 2:2-3

Kangchenjunga é a terceira montanha mais alta do mundo, mas você provavelmente nunca ouviu falar dela. A maioria de nós já ouviu falar do monte Everest e do K2, e talvez de várias outras montanhas ao redor do mundo: Kilimanjaro, Aconcágua, Denali, Mont Blanc, o Matterhorn e outras. Mas, em geral, a Kangchenjunga passa despercebida.

Essa indiferença é motivo de espanto por diversas razões. A Kangchenjunga é de tirar o fôlego de tão linda. Sua localização remota significa que a maioria dos *trekkers* e alpinistas geralmente a evita, o que, no fim das contas, preservou sua aparência intocada e primitiva. Com uma altitude de 8.586 metros (28.169 pés), acreditava-se que era a montanha mais alta do mundo até a década de 1850. Ela é composta por cinco picos em dois países, o que explica seu nome (em tibetano, Kangchenjunga significa "os cinco tesouros da grande neve"). Mais intrigante ainda, seu cume nunca foi alcançado, não porque seja algo fisicamente impossível, mas porque os primeiros alpinistas prometeram ao Chogyal, o monarca local, que o pico permaneceria intocado, e todos os grupos que vieram depois respeitaram a tradição. Kangchenjunga é uma montanha gigante e bela com cinco picos diferentes, que se estende por fronteiras nacionais e se destaca sobre seus vizinhos, uma montanha sobre a qual a maioria das pessoas nunca pensou, cujo cume nunca foi totalmente escalado. Voltaremos a esse assunto em breve.

Se você ler as Escrituras com as montanhas em mente, logo perceberá quão frequentemente elas aparecem. A palavra "montanha" aparece na Bíblia mais vezes do que as palavras "cruz", "graça" e "evangelho" juntas. Se você já viajou por Israel, pode achar isso surpreendente. O território não é exatamente montanhoso; há uma espécie de cordilheira que se estende de norte a sul bem no meio do país, mas seu ponto mais alto seria um dos pontos mais baixos do Colorado, e grande parte do país é composta por planícies costeiras (a oeste), o deserto de Negev (ao sul) e o vale do Jordão (a leste). Até o monte Carmelo, o local do famoso confronto entre Elias e os profetas de Baal, tem apenas a altura do One World Trade Center.

As montanhas, no entanto, são mencionadas com tanta frequência não por causa de sua proeminência geográfica, mas por seu significado teológico. Elas são importantes por causa do que representam: obstáculos gigantescos que somente Deus pode mover (Zacarias 4:7), longevidade (Provérbios 8:25), aparente estabilidade (Salmos 46:2) ou desafios que exigem uma grande fé (Marcos 11:23). Mais importante ainda: são lugares nos quais as pessoas encontram Deus. Quando Deus aparece ao seu povo, frequentemente o faz em uma montanha, comunicando, assim, uma combinação de altura e exaltação, grandiosidade e beleza, proximidade com os céus e supremacia sobre a terra.

As montanhas comunicam a distância entre nós e Deus. Subi-las requer que nos preparemos com bastante antecedência para garantir que não sejamos incapacitados ou até mesmo mortos pelas condições ou a mudança de pressão (como descobri à minha própria custa quando subi um dos montes de Sierra Nevada muito rapidamente em um carro e quase desmaiei, devido à tontura e à falta de oxigênio). Ao convocar as pessoas para encontrá-lo no cume, Deus nos lembra de quão diferente ele é de nós, quanta coisa tem de ser feita para que possamos encontrá-lo e quão perigoso é aproximar-se dele de forma leviana. "Quem poderá subir o monte do Senhor?" (Salmos 24:3).

No entanto, as montanhas também são lugares de graça. Os encontros com Deus no topo das montanhas não são momentos apenas de distância ou desafio, mas de presença, comissão e sacrifício. Subimos em direção a ele, mas ao mesmo tempo ele desce em direção a nós. As montanhas são lugares de revelação, promessa e aliança. Todas as cinco principais alianças do Antigo Testamento — de Deus com Adão, Noé, Abraão, Moisés e Davi — estão associadas a montanhas. Os propósitos da aliança de Deus são como o Kangchenjunga: cinco tesouros diferentes, todos formando um todo gigante e belo. A maioria das pessoas talvez nunca tenha pensado neles, mas eles se estendem por fronteiras nacionais e se destacam sobre seus vizinhos, e seu cume nunca foi totalmente escalado.

O monte da primeira aliança está no Éden. (A palavra *montanha* não é usada em Gênesis 1—3, mas Ezequiel 28:13-14 a chama de "monte santo de Deus"). Os seres humanos, ao olharem para baixo, para os montes abundantes, sabendo que Deus lhes deu todo lugar que a luz toca, são comissionados a encher a terra e subjugá-la, e lhes é prometida a vida se obedecerem e a morte se não o fizerem. Isso é como um acampamento base, por assim dizer. A aliança com Adão não atinge as mesmas alturas dos picos que se seguem — com frequência, ela é referida como a "aliança das obras", em oposição à posterior "aliança da graça" —, mas é aquela que descobrimos primeiro, e visitá-la é essencial se quisermos alcançar qualquer outra.

O segundo é o monte Ararate. Noé sai da arca e vai para a encosta de uma montanha. Sua família foi salva do julgamento simplesmente porque ele achou graça aos olhos do Senhor (Gênesis 6:8), e Deus imediatamente faz uma segunda aliança. Assim como ocorreu com Adão, Noé é comissionado a ser frutífero e multiplicar, e recebe exemplos de coisas que pode comer (animais) e não comer (sangue). Mas, com essas condições, vem uma promessa: "Nunca mais será ceifada nenhuma forma de vida pelas águas de um dilúvio" (9:11). E, com essa promessa, vem um sinal: "o meu arco que coloquei nas nuvens" (v. 13). Deus se compromete a lidar com o pecado sem a solução mais óbvia e drástica — destruir todos —, e estabelece seu arco militar no céu como um lembrete permanente. De que forma exatamente ele *lidará* com o pecado e resgatará sua criação do mal e da morte, isso ainda não nos foi revelado.

Isso se torna mais claro no monte Moriá. Abraão já recebeu promessas surpreendentes de Deus (uma terra, uma herança eterna, um filho, uma família inumeravelmente grande) quando é ordenado a sacrificar seu único filho e, com ele, toda a esperança de que as promessas de Deus se cumpram. Em um ato de obediência dolorosa, ele amarra Isaque ao altar, apenas para descobrir que Deus já preparou um substituto para ele e que, por causa de sua obediência, Deus está garantindo com um juramento que Abraão será abençoado, frutífero, triunfante e um meio de bênção para o mundo inteiro. A estranha fusão desse monte — de sacrifício substitutivo, um pai disposto a entregar seu único filho e uma descendência em quem o mundo inteiro encontrará bênção — deve ter levado Abraão a se questionar. Considerado por gerações posteriores um dos cinco montes da aliança de majestade ascendente, o monte Moriá leva seus incontáveis descendentes a se maravilharem.

O mesmo acontece com o próximo, o monte Sinai. Muitas vezes pensamos no Sinai apenas como uma montanha de lei, trovão, julgamento e fogo, lembrando as obrigações da aliança, e não as suas promessas. Há, é claro, obrigações, como em qualquer aliança. Mas as promessas são gloriosas: "Agora, se me obedecerem fielmente e guardarem a minha aliança, vocês serão o meu tesouro pessoal entre todas as nações. Embora toda a terra seja minha, vocês serão para mim um reino de sacerdotes e uma nação santa" (Êxodo 19:5-6). Se o monte Ararate nos fez pensar em como Deus resgataria o mundo sem destruir todos os seres, e o monte Moriá nos mostrou que seria por meio da descendência de Abraão, o monte Sinai mostra que isso acontecerá por meio da nação de Israel, servindo o mundo como reis e sacerdotes. Quando, finalmente, o povo de Israel entra na terra prometida, eles devem proclamar as bênçãos e maldições dessa aliança de (você já adivinhou) dois montes (Deuteronômio 27:11-13).

O monte da quinta aliança é o monte Sião, localizado em Jerusalém e que serviu de base para o Templo. Nesse monte, as extensas promessas para a descendência de Abraão e para a nação de Israel são focadas como um raio laser em um único indivíduo. A solução para os problemas do mundo não virá, em última análise, por meio de todos os descendentes de Abraão, ou de todos na nação de Israel, ou mesmo de todos na tribo de Judá; ela virá de um descendente específico do rei Davi, a quem será dado uma casa, um nome, um trono, o amor inabalável de Deus e um reino eterno (2Samuel 7:12-16). Não nos é dito seu nome. Recebemos mais algumas pistas no restante do Antigo

Testamento: nascimento em Belém (Miqueias 5:2), uma mãe virgem (Isaías 7:14), ministério na Galileia (Isaías 9:1), prenúncio pela figura de Elias (Malaquias 4:5). Mas, enquanto os profetas se calam, ainda estamos esperando, não apenas por um novo rei, mas por uma nova aliança (Jeremias 31:31-34).

Apenas quando Jesus, finalmente, chega, somos capazes de ver como os cinco picos do Kangchenjunga fazem parte de uma única montanha gigantesca. Cristo cumpre cinco alianças de uma só vez: a do Éden, ao desafiar as tentações do jardim do diabo; a do Ararate, ao se comprometer a amar seus inimigos em vez de destruí-los; a de Moriá, ao se oferecer como um substituto voluntário; a do Sinai, ao servir ao mundo como o rei-sacerdote perfeito; e a de Sião, ao estabelecer um reino eterno. Como os Evangelhos (especialmente Mateus) apontam, ele está constantemente subindo e descendo montanhas. É em uma montanha que ele ensina, que ele ora, que ele é transfigurado, traído e crucificado, e de onde ascende ao céu. Algumas passagens até mesmo sugerem que Cristo retornará em uma montanha.[15]

De forma apropriada, a cena final do último livro da Bíblia é vista de "um grande e alto monte" (Apocalipse 21:10). Apocalipse está repleto de imagens de todas as cinco alianças e de todos os cinco montes, alternando alegremente entre imagens de jardins, rios e árvores que dão vida (como Éden), mares e arcos-íris (como Ararate), ovelhas substitutivas (como Moriá), trovões, fogo, nuvens e trombetas (como Sinai), e tronos e templos (como Sião). Mas todos eles foram feitos um, e todos foram feitos novos. Naquele dia, todos nós diremos com o profeta: "Venham, subamos ao monte do Senhor, ao templo do Deus de Jacó" (Isaías 2:3).

---

[15]Zacarias 14:4; Atos 1:11.

12

JARDINS

A PRESENÇA DE DEUS

> *Eles virão e cantarão de alegria nos altos de Sião;*
> *ficarão radiantes de alegria pelos muitos bens*
> *dados pelo Senhor: o cereal, o vinho novo,*
> *o azeite puro, as crias das ovelhas e das vacas.*
> *Serão como um jardim bem regado,*
> *e não mais se entristecerão.*
> — Jeremias 31:12

Uma das aberturas mais autodestrutivas da literatura moderna ocorre no início de *Deus, um delírio*, de Richard Dawkins. Lançado em 2006, esse manifesto ateísta fervoroso foi extremamente popular, vendendo mais de três milhões de cópias e recebendo entusiasmados endossos de diversas personalidades ligadas à cultura. Ele defendeu de forma incisiva que a crença em Deus é infundada, lamentável, anti-intelectual e perigosa, sugerindo que os teístas, em particular os cristãos, são levados a tal absurdo por maldade, idiotice, doença mental ou uma combinação de todos esses fatores.

De certa forma, o livro foi realmente muito bom. Foi escrito com clareza, vigor, inteligência e humor; foi oportuno, pois ocorreu cinco anos após o 11 de Setembro e três anos depois de as tropas ocidentais terem invadido o Iraque, provocando uma escalada da retórica religiosa em ambos os lados. Muito do que o livro argumentava era claramente verdade.[16] Infelizmente, as partes que, a toda prova, não eram verdadeiras eram tão ruins que arruinaram tudo, como muitos críticos apontaram na época.[17] E o livro tem a distinta peculiaridade de se refutar antes mesmo de começar. A epígrafe, que aparece antes do índice, é uma citação do autor Douglas Adams: "Não é suficiente ver que um jardim é bonito sem ter de acreditar que há fadas no fundo dele também?".

É uma questão fascinante. Nosso primeiro instinto é concordar: a existência de um belo jardim não implica absolutamente a crença em fadas. Dependendo de quem somos, isso pode provocar um reconforto presunçoso, uma reflexão ponderada ou um pânico cego. Contudo, após um momento de reflexão, essa reação é seguida por uma segunda resposta. Não, os jardins não nos fazem acreditar em fadas. Mas eles nos fazem acreditar em outra categoria de seres, que oferecem uma analogia muito mais próxima da crença em Deus do que as fadas jamais seriam capazes de oferecer. Eles nos fazem acreditar em seres cujo *design*, atividade criativa e cuidado contínuo são responsáveis por fazer a terra se assemelhar a um belo jardim, e não a um terreno baldio, uma selva ou uma bagunça coberta de mato e infestada de ervas daninhas. *Jardineiros.*

---

[16]Meu primeiro livro, *Deluded by Dawkins* (Eastbourne: Kingsway, 2006), identificou 63 linhas de argumento em *Deus, um delírio*, das quais apenas oito forneceram razões substanciais para não crermos em Deus (embora, em retrospecto, eu constate que fui um pouco generoso aqui). Grande parte do livro de Dawkins consistia em argumentos que eram óbvios ou trivialmente verdadeiros.

[17]Das inúmeras resenhas críticas do livro, a melhor (e, sem dúvida, a mais contundente) veio de Terry Eagleton na *London Review of Books* (19 de outubro de 2006).

Sem saber, Douglas Adams e Richard Dawkins tomaram nossa crença em um *designer* poderoso, inteligente e cuidadoso, que não podemos ver atualmente, e tentaram refutá-la, fazendo referência a algo — um belo jardim — que requer a crença em um *designer* poderoso, inteligente e cuidadoso, que não podemos ver atualmente. E, ao fazerem isso, eles não apenas serraram o galho argumentativo no qual estão sentados, reconhecendo que o mundo aponta para além de si mesmo, na direção de um criador: eles também (sem saber) chamaram a atenção para um importante tema bíblico: Deus é um jardineiro.

Sabemos disso a partir do segundo capítulo das Escrituras. "Ora, o Senhor Deus tinha plantado um jardim no Éden, para os lados do leste" (Gênesis 2:8), e esse jardim está repleto de árvores, frutos, legumes, flores, rios, minerais, ônix, ouro, pássaros, animais, seres humanos, casamento, sexo, vida e a presença do próprio Deus (v. 9-25). Não é algo apenas exuberante e idílico — a palavra grega para jardim aqui, *paradeisos*, dá origem à nossa palavra "paraíso" —, mas também imenso e provavelmente montanhoso, já que serve de fonte para quatro rios. É mais parecido com um Yosemite[18] primitivo do que com uma horta ou um gramado bem cuidado. Ao plantar um jardim, colocar a humanidade nele e caminhar ao lado daqueles que carregam sua imagem enquanto soprava a brisa do dia, Deus nos mostra a conexão entre sua criatividade, seu amor, sua abundância (cada árvore que era agradável aos olhos e boa para o alimento, cada animal do campo, cada criatura viva, e assim por diante) e, acima de tudo, sua presença. O Éden é um lugar de vida, amor e harmonia porque Deus habita ali. O primeiro jardim é um templo e, de agora em diante, todos os templos serão jardins.

Isso pode parecer uma interpretação forçada, até estudarmos os *designs* do tabernáculo e do templo em detalhes (o que,

---

[18]Trata-se de um parque nacional americano localizado nas montanhas da Serra Nevada. (N. E.)

por causa de sua extensão e de certo grau de repetição, a maioria de nós não faz). Eles estão repletos de imagens de jardim, apontando para a abundância verdejante, exuberante e vivificante do Deus jardineiro que ali habita. Considere o seguinte: o templo é feito de cedros, "com figuras entalhadas de frutos e flores abertas", e o chão é revestido de ciprestes (1Reis 6:15-18). Assim como o Éden, ele é guardado por querubins, construído em uma montanha, com sua entrada pela parte leste e adornado com ouro e ônix (1Crônicas 29:2). As portas do santuário são feitas de madeira de oliveira, entalhadas com palmeiras e flores desabrochando (1Reis 6:31-32). As colunas de bronze estão decoradas com centenas de romãs, e os "capitéis no alto tinham a forma de lírios" (7:20-22). Os painéis são adornados com animais domésticos (bois) e feras selvagens (leões), e ao caminhar pelo pátio, você se encontra rodeado por água fresca (v. 23-29). Havia um candelabro em forma de árvore do lado de fora do Santo dos Santos e mais dez feitos de ouro puro (v. 49). Deve ter parecido um pomar, um jardim bem regado, um *paradeisos*. Isso comunicava o seguinte a Israel: o Deus do jardim vive aqui. Seja bem-vindo.

Portanto, os jardins são locais de abundância e presença divina. Mas também são lugares de romance e amor. O primeiro casamento e a primeira canção de amor aconteceram em um jardim (Gênesis 2:18-25), e esse mistério profundo é uma imagem do amor entre Cristo e a igreja (Efésios 5:31-32). Numerosos casais bíblicos se reúnem em locais parecidos com jardins, debaixo de árvores ou em poços, ou ambos. O Cântico de Salomão está repleto de plantas, árvores, flores, pomares, frutas, fontes e jardins, reforçando a conexão entre nossa intimidade com Deus e nossa intimidade uns com os outros. Essa conexão, curiosamente, reflete-se ainda hoje, sempre que um casal se casa rodeado de cravos, mandris, guirlandas, lírios, treliças e pétalas de confete. Projetamos nossos locais de casamento como um jardim de amor, até porque primeiro conhecemos o amor em um jardim.

No entanto, o jardim também é um lugar de tragédia. Não nos lembramos apenas do paraíso; lembramo-nos também do paraíso perdido. O Éden não era apenas o jardim do amor, mas o jardim do amor rejeitado. A vida foi rejeitada em favor do conhecimento do bem e do mal, o casamento foi estragado e a abundância verdejante tornou-se espinhos, cardos e dores de parto. Como seres humanos, deveríamos levar o jardim conosco, enchendo a terra com a vida e a harmonia que ali encontramos, mas, em vez disso, fomos exilados dele, retirados à força pela parte leste, com querubins de guarda para nos impedir de voltar. Daquele dia em diante, perdemos nosso acesso irrestrito à presença de Deus, tanto no jardim semelhante ao templo como no templo semelhante ao jardim. Desde então, estamos desejosos por isso. A história humana tem sido uma série longa e muitas vezes desastrosa de tentativas de retorno ao jardim.

É apropriado, então — mais do que isso, é algo glorioso, que vai além das palavras —, que nosso acesso de volta ao jardim, com toda a abundância, toda a presença e todo o amor que o acompanham, tenha sido garantido em dois jardins. O primeiro, que conhecemos como o jardim do Getsêmani, reverteu a decisão do Éden, substituindo-a de "não a sua vontade, mas a minha" (de Adão) por "não a minha vontade, mas a sua" (de Cristo). A segunda, quando Jesus saiu do túmulo apenas alguns dias depois, reverteu as consequências do Éden. Enquanto Adão trouxe a morte a todos em um jardim e depois se escondeu, Cristo trouxe a vida a todos em um jardim e depois se tornou o mais visível possível. Essa conexão pode ser o que João está insinuando quando diz que Maria pensava que Jesus era o jardineiro (João 20:15). De muitas maneiras, ele era.

O resultado, como Jesus disse enquanto era crucificado, é que aqueles que confiam nele podem ser trazidos de volta a Deus. "Hoje você estará comigo no [*paradeisos*]" (Lucas 23:43). Somos recebidos na abundância e na vitalidade de um Éden novo e melhor. Os querubins que impediam seu acesso ao caminho foram retirados. A serpente foi esmagada. O jardim do amor está aberto e o Jardineiro está preparando um lugar para você. Quando, finalmente, vemos isso, nos dois últimos capítulos das Escrituras, temos a mais deliciosa sensação de *déjà vu* — há um rio, uma árvore com folhas e frutos, ouro e ônix, e um casamento. E, no meio de tudo isso, está o próprio Deus, tão brilhante que não há necessidade do sol, e tão presente que não há necessidade de um templo (Apocalipse 21:22-23). Bem-vindo de volta ao lar.

13

ARCO-ÍRIS

A FIDELIDADE DE DEUS

Tal como a aparência do arco-íris nas nuvens de um dia chuvoso,
assim era o resplendor ao seu redor.
Essa era a aparência da figura da glória do SENHOR.
Quando a vi, prostrei-me com o rosto em terra
e ouvi a voz de alguém falando.
— EZEQUIEL 1:28

Há mais no arco-íris do que os olhos podem ver.

Em certo sentido, quero dizer isso literalmente. O olho humano não consegue ver as cores em nenhum dos extremos do espectro. E, apesar das imagens que vemos nas Bíblias infantis, há cerca de um milhão de tons e nuances de cores no arco-íris que são tão sutis que não conseguimos distingui-los uns dos outros. Mas, em outro sentido, quero dizer isso simbolicamente. O arco-íris carrega uma série de significados no pensamento cristão, e muitos de nós somos cegos a vários deles (uma cegueira que provavelmente é agravada porque, há pouco tempo, o símbolo passou a significar algo bem diferente, então talvez não pensemos tanto sobre isso). Biblicamente, existem pelo menos cinco significados para o arco-íris, e cada um deles revela algo importante sobre Deus e seu povo.

Primeiro, os arcos-íris significam beleza. Isso é algo que impacta a todos que já viram um, independentemente de já terem ouvido falar de Noé. Poucas coisas na criação podem comparar-se à beleza dos raios de sol colidindo com a névoa de uma cachoeira, enquanto fragmentos de cores refratadas se dispersam em todas as direções. Quando Ezequiel tenta descrever o indescritível — "a aparência da figura da glória do Senhor" —, ele recorre às mais esplêndidas imagens da criação, desde uma extensão de cristal brilhante até um trono de cor esmeralda, mas culmina no brilho deslumbrante do "arco-íris nas nuvens de um dia chuvoso" (Ezequiel 1:28). A glória de Deus, na proporção que podemos vê-la, tem a aparência de um homem de fogo em um trono adornado e rodeado por arcos-íris. Simplesmente pelo fato de estarem presentes, os arcos-íris dão testemunho da abundante beleza do Deus que os fez.

Sua aparência deslumbrante resulta do fato de que eles nos mostram a unidade na diversidade. Em um arco-íris, uma cor (branca) é mostrada como sendo muitas (vermelha, índigo, amarela, verde e as demais), e muitas se unem em uma só. Essa fusão de cores é um modo de compreender a doutrina da igreja no livro do Apocalipse. O povo de Deus é retratado como guerreiros, testemunhas, adoradores e convidados de casamento, todos vestidos de branco. Mas, ao mesmo tempo, esse povo é retratado como uma multidão multicolorida e multiétnica, uma cidade adornada com pedras preciosas de todas as cores, desde o jaspe até a safira, a esmeralda e a ametista. (Esse ponto está obscurecido hoje porque usamos a palavra *branco* para nos referir a pessoas que claramente não o são. Ninguém se autodenominava branco até o século 17 e, quando isso aconteceu, foi, em parte, para reivindicar a ideia de pureza. Mas, se você colocasse minha pele em uma paleta de cores, ela seria classificada como pêssego no inverno e bege no verão.) Visto de uma perspectiva, o povo de Deus é de uma única cor; visto de outra, eles representam todas as cores do espectro. A igreja é a verdadeira nação arco-íris, o lugar no qual as pessoas são, ao mesmo tempo, uma só e muitas .

Ainda no livro de Apocalipse, o arco-íris também reflete uma luz inacessível. Nas aparições bíblicas de Deus, frequentemente encontramos duas imagens: o sol e as nuvens. O sol fala do brilho deslumbrante de Deus, da luz reluzente de sua pureza, de sua excelência e de sua perfeição. As nuvens falam do ocultamento, da majestade secreta, do Deus imortal, invisível, único e sábio que ninguém viu ou pode ver. Mas, quando a luz e a inacessibilidade se unem — quando o sol do meio-dia brilha intensamente por uma densa cobertura de nuvens —, há uma explosão de arcos-íris. Por isso, quando João viu pela primeira vez o Santo entronizado no céu, um "arco-íris, parecendo uma esmeralda, circundava o trono" (Apocalipse 4:3). É assim que se parece a luz inacessível.

Por tudo isso, o único significado explícito dado ao arco-íris nas Escrituras é como um sinal da aliança de Deus. "E Deus prosseguiu: 'Este é o sinal da aliança que estou fazendo entre mim e vocês e com todos os seres vivos que estão com vocês, para todas as gerações futuras: o meu arco que coloquei nas nuvens. Será o sinal da minha aliança com a terra'" (Gênesis 9:12-13). As alianças nas Escrituras são acompanhadas por sinais: circuncisão, sábado, pão e vinho e, nesse caso, um arco-íris. Significa uma aliança feita não apenas com o povo de Deus, mas com a própria criação: um compromisso de nunca mais destruir toda a humanidade em um dilúvio. Mas, ao contrário da maioria das outras alianças bíblicas, nas quais temos de fazer alguma coisa, essa é totalmente unilateral. O arco-íris aparece no céu de forma unilateral, gratuita e sem que nenhuma resposta de nossa parte seja necessária ou mesmo possível. Você pode estar obedecendo fielmente a Deus ou em estado de desobediência flagrante, mas, da próxima vez que o sol surgir em um dia chuvoso, haverá um arco-íris, e nada que você faça (ou deixe de fazer) será capaz de detê-lo. Os arcos-íris são lembretes de uma realidade fundamental. Não importa o que façamos, Deus é fiel. Ele sempre cumpre suas promessas.

Finalmente, o arco-íris significa paz. Considere esta frase novamente: "o meu arco que coloquei nas nuvens". O hebraico bíblico não tem uma palavra para arco-íris, então a palavra usada aqui é simplesmente arco, a palavra normal para uma arma que dispara flechas. Portanto, esse é o anúncio de Deus de que ele está pendurando seu arco, guardando sua arma e comprometendo-se não apenas a limitar as chuvas, mas também a trazer paz a toda a criação. Imediatamente, surge a seguinte questão: como? Como Deus destruirá o mal e viverá em paz com a humanidade ao mesmo tempo? E essa questão constitui o pano de fundo para cada aliança posterior, até o dia em que o Deus do arco-íris se torna homem, parte o pão e distribui um cálice contendo o sangue da nova aliança, derramado por muitos para o perdão dos pecados.

Podemos ir um passo além. Se o arco-íris fosse realmente um arco, então o arqueiro teria de puxar a corda para baixo, em direção à terra, e a flecha seria disparada para cima, para longe do mundo e "em direção ao coração do céu".[19] O Deus do arco-íris trouxe a paz sem ignorar toda a nossa violência e contenda, mas permitindo que tudo fosse direcionado a ele e assentindo que fosse perfurado no coração pelo ódio e a agressão dos seres humanos. Então, após esvaziar a aljava de uma vez por todas, ele abaixou seu arco para estender os braços em sinal de acolhimento.

---

[19]Sally Lloyd-Jones, *The Jesus storybook Bible* (Grand Rapids: Zondervan, 2007), p. 47 [No Brasil: *Livro de histórias bíblicas de Jesus* (Rio de Janeiro: CPAD, s.d.)].

O arco-íris fala de perfeição, pluralidade, pureza, promessas e paz. Da próxima vez que você vir um, faça uma pausa. Reflita. E considere a beleza, a fidelidade e a sabedoria multicolorida do Deus que o criou.

14

JUMENTOS

~

A PAZ DE DEUS

Alegre-se muito, cidade de Sião!
Exulte, Jerusalém!
Eis que o seu rei vem a você,
justo e vitorioso,
humilde e montado num jumento,
um jumentinho, cria de jumenta.
— ZACARIAS 9:9

Já me perguntaram sobre o problema do mal muitas vezes, mas minha resposta nunca envolveu jumentos. Nem avestruzes. Tampouco os hábitos de parto das cabras da montanha ou a possibilidade de arar com bois selvagens. Apontar para a selvageria, a teimosia e o absurdo de certos animais não me pareceria o caminho óbvio para defender a justiça de Deus. Pareceria algo trivial ou leviano, quando confrontado com alguém que está sofrendo e de luto, começar a falar sobre como os avestruzes esquecem onde estão seus ovos e pisam neles acidentalmente, ou como os jumentos se afastam e não podem ser trazidos de volta por amor nem dinheiro.

No entanto, é isso que Deus faz em Jó 39. Depois de ouvir, ao longo de 37 capítulos, cinco pessoas debatendo sobre sua justiça e o problema do sofrimento, Deus finalmente fala. Esse é o momento pelo qual Jó, nós, como leitores, e todos que já se perguntaram sobre a bondade de Deus, esperávamos; e ele diz algo totalmente inesperado. A primeira parte de sua resposta, sobre o céu e o clima (Jó 38), é surpreendente, mas eficaz. É, ao mesmo tempo, reconfortante e desafiador ser lembrado da soberania de Deus sobre o mar, a neve e as estrelas. Mas depois ele passa três capítulos falando sobre animais. Não sobre qualquer animal, mas sobre animais estranhos. Beemote (cap. 40) e Leviatã (cap. 41), animais tão estranhos que ainda não sabemos o que são. Algumas pessoas ficam tão entusiasmadas com a possibilidade de serem dinossauros (não são) que ignoram completamente a ideia central do texto. Além disso, no capítulo 39, lemos um desfile bizarro de cabras grávidas, jumentos fugitivos, bois selvagens, avestruzes ignorantes, cavalos de guerra, falcões e águias. Até minha Bíblia de estudo fica perplexa diante disso. Jó 39 recebe menos explicações do que qualquer outro capítulo das Escrituras.

O objetivo de Deus, com essa lição peculiar de zoologia, é mostrar a Jó quão limitado é seu conhecimento. É como se Deus dissesse: "Você não faz ideia de quando uma cabra prenha está prestes a parir (39:1-3). Você não tem controle sobre o jumento selvagem, que 'ri da agitação da cidade' e 'não ouve os gritos do tropeiro' (v. 7). Você não tem o poder de tornar os avestruzes tolos, cruéis, desajeitados e, ainda assim, rápidos o suficiente para ultrapassar um cavalo (v. 13-18). Mas eu tenho. Talvez sua perspectiva do mundo seja mais limitada do que você imagina".[20]

---

[20]Examinaremos essa ideia mais detalhadamente no capítulo sobre vírus.

Por trás disso, porém, há outra observação fácil de ignorar. Deus criou deliberadamente alguns animais para serem engraçados, desajeitados, indomáveis, exasperantes, idiotas, caprichosos ou simplesmente bobinhos. Ele fez isso de propósito. A excentricidade de um avestruz, em toda a sua glória de esmagar ovos, enterrar a cabeça e não voar, é divinamente projetada. Cada vez que um jumento faz um treinador levantar as mãos em frustração, Deus ri de alegria.

Considerando que Jó provavelmente conhecia poucos animais, uma vez que, em sua época, não havia programas de televisão sobre o mundo selvagem e as viagens globais eram quase impossíveis, é seguro supor que Jó 39 seja apenas o começo. Contemple o ornitorrinco, com seu bico de pato, que eu criei, assim como criei você. Considere a implausível quadratura do rosto da raposa tibetana. A arrogância desdenhosa do gato. O desajeitado caminhar do pinguim-imperador, que parece pedir uma música de fundo de *O gordo e o magro*. A forma como os ouriços fazerem sexo. A ordem meticulosa do castor. A geometria do flamingo, que não apenas se sustenta em uma perna apesar de ter duas, mas é tão desproporcional que parece um cisne que teve uma haste de bambu inserida e foi tingido de rosa. A maneira que o bicho-preguiça leva uma hora para ir ao banheiro e voltar. O desfile exibicionista e o levantar de saia de uma ave-do-paraíso macho, e a expressão desanimada que faz quando suas investidas são rejeitadas. O que tudo isso diz sobre a criatividade inesgotável de Deus — que ele criou tantos animais assim apenas por diversão? O que isso diz sobre seu senso de humor?

Ainda assim, é difícil superar o jumento. (Quando pesquisei "animais mais engraçados" no Google, o primeiro a aparecer foi o jumento. Apesar de todas as opções disponíveis, eu não fiquei nem mesmo remotamente surpreso, e suspeito que você também não ficou.) Os dentes, as orelhas, o relincho, a sensação de que é basicamente o cavalo de um homem pobre e a sensação de que ele sabe que todos nós pensamos assim e, então, decide vingar-se sendo seletivamente não cooperativo. Quando o rei Midas ofendeu Apolo, foi presenteado com as orelhas de um jumento. Quando Deus quis expor a insensatez de tentar profetizar contra seu povo, ele providenciou para que um jumento repreendesse o falso profeta em questão (Números 22:28-30). Até mesmo a palavra em si é um tanto ridícula e, em muitas línguas, o equivalente a *jumento* é usado para insultar pessoas por estupidez ou incompetência. Não é preciso exercitar muita imaginação para entender o porquê.

No entanto, esse é o animal em que Jesus Cristo, Deus encarnado, entrou em Jerusalém para salvar o mundo. Não um cavalo, mas um jumento. Não um cavalo de guerra, mas um animal de carga. Não com pompa e cerimônia, mas com humildade e serviço. É como se o presidente dos Estados Unidos deixasse os carros de luxo na garagem no Dia da Posse e dirigisse pelo National Mall, em Washington, D.C., em uma kombi.[21]

De forma irônica, referimo-nos a esse momento como a "entrada triunfal", uma expressão cunhada a partir do termo romano *triumphus*, o desfile de vitória no qual comandantes vitoriosos cavalgavam nas cidades após derrotar seus inimigos. Mas era exatamente isso que Jesus não estava fazendo. Se ele quisesse fazer isso, teria cavalgado na cidade em um cavalo branco, com uma vestimenta mergulhada em sangue — exatamente como Apocalipse 19 relata seu retorno no futuro —, e todos teriam compreendido. Em vez disso, ele monta em um jumento, um animal com um temperamento inadequado para a guerra, como você pode imaginar. Ele foi muito específico quanto a isso, dizendo a dois de seus discípulos: "Vão ao povoado

---

[21]Embora, em alguns aspectos, isso não seja verdade, como explicam os próximos três parágrafos.

que está adiante de vocês; logo encontrarão uma jumenta amarrada, com um jumentinho ao lado. Desamarrem-nos e tragam-nos para mim" (Mateus 21:2).

Isso não era novidade. Os jumentos eram animais reais no antigo Israel, e os governantes já os montavam com frequência. Os filhos de Jair e, mais tarde, os de Abdom, todos montaram em jumentos (Juízes 10:4; 12:14). Todos os filhos do rei Davi montaram em mulas (2Samuel 13:29). Salomão foi proclamado rei enquanto montava em uma mula (1Reis 1:33); o simbolismo era tão familiar que seu astuto irmão Adonias, que estava no meio de uma tentativa frustrada de golpe, imediatamente percebeu que o jogo havia terminado (1Reis 1:41-44). Zacarias havia prometido que o rei de Israel voltaria montado em um jumento (Zacarias 9:9). Algumas vezes, em nossa ânsia de mostrar a diferença entre Jesus e todos os outros reis, insinuamos que ele era tão diferente que as pessoas nem perceberiam que ele era um rei. Longe disso. Os reis montavam em jumentos, e todos que leram as Escrituras saberiam disso.

Portanto, naquela tarde de abril, as multidões que viram Jesus entrar em Jerusalém reconheceriam o que estava acontecendo. Esse era o Messias, o rei de Israel, ou pelo menos alguém que alegava ser, o que justificava todos os ramos de palmeira, mantos e citações de Salmos 118. Mas ele estava montado em um jumento porque estava vindo em paz. Por essa razão, explicou Zacarias logo em seguida, a escolha do animal pelo Messias seria significativa: "Ele destruirá os carros de guerra de Efraim e os cavalos de Jerusalém, e os arcos de batalha serão quebrados. Ele proclamará paz às nações" (Zacarias 9:10). Ele estava vindo em humildade e serviço, "humilde e montado num jumento" (v. 9). Ele estava armado com palavras de paz, não com armas de guerra. Esse rei, que se movia lentamente em direção a Jerusalém enquanto as multidões gritavam Hosana, não estava vindo para se banhar no sangue de seus inimigos. Ele estava vindo para lavar os pés de seus amigos.

Eu disse, logo no início deste capítulo, que a maioria de nós — e eu me incluo nesse grupo — nunca pensaria em responder ao problema do mal com um jumento. Mas, ao entrar em Jerusalém e prometer salvar seu povo não por meio de violência e guerra, mas com humildade e paz, foi exatamente isso que Jesus fez. *Shalom.*

15

SOL

A PRIMAZIA DE DEUS

Mas, para vocês que reverenciam o meu nome,
o sol da justiça se levantará trazendo cura em suas asas.
E vocês sairão e saltarão como bezerros soltos do curral.
— MALAQUIAS 4:2

Nunca consegui entender por que alguém adoraria uma estátua de madeira. Ou uma árvore, ou um poste de Aserá, uma vaca, ou um elefante, ou ainda um deus que se parece com um sapo. Acho que compreendo isso em um nível intelectual — eles representam a fertilidade ou algo do tipo —, mas não consigo compreender como as pessoas são espiritualmente atraídas a adorá-los, regozijar-se diante deles ou sacrificar-se por eles. Se eu tivesse nascido como um pagão antigo, não teria sido do tipo que faz ídolos ou dança na Festa do Mastro.[22] (Pelo menos, tenho dificuldade em me imaginar dessa maneira.)

---

[22]Festa de origem pagã que simboliza a força e a fertilidade masculina. (N. E.)

Mas consigo entender por que as pessoas costumavam adorar o sol. Não estou dizendo que elas deveriam, obviamente, mas posso compreender seu instinto. Pelo que se sabia até recentemente, o sol era, de longe, a maior coisa no céu e a fonte de toda luz, calor, poder e vida. Especialmente no norte da Europa, de onde venho, a diferença entre sol e escuridão, entre verão e inverno, é tão grande que devia ser tentador sair correndo para fora na primavera e se prostrar diante da gigantesca bola de fogo amarela. Se não fosse pelo cristianismo, suspeito que muitos de nós ainda o fariam.

Não é de surpreender que isso representou um grande desafio para o antigo Israel. Moisés teve de exortar o povo a não adorar o sol, com consequências legais bastante drásticas para quem o fizesse (Deuteronômio 4:19; 17:2-5), e os profetas revelam que, muitos séculos depois, isso ainda era um problema (Jeremias 8:2; Ezequiel 8:16). O risco da idolatria é, em parte, a razão pela qual as Escrituras continuam a apontar todas as coisas que o sol não é. Ele não é eterno: o primeiro capítulo da Bíblia deixa claro que o sol não foi criado até o quarto dia, e o último capítulo nos diz que o sol não é mais necessário, "pois o Senhor Deus os iluminará" (Apocalipse 22:5). Ele não é inevitável e pode ser escurecido (e destronado), segundo a vontade daquele que o criou (Êxodo 10:21-29). Ele não está no controle; é possível fazer com que ele pare (Josué 10:12-14) ou que mova sombras na direção errada (Isaías 38:8). Isso pode parecer um espécie de ataque aleatório contra o sol, mas, na verdade, são maneiras de proteger Israel de transformar um presente em um ídolo. O sol tinha o potencial de ser um grande problema teológico.

No entanto, o sol também tinha o potencial de ser uma enorme oportunidade teológica. Enquanto as pessoas pudessem usar o sol como um meio de meditar e adorar a Deus, em vez de ele mesmo ser algo para ser meditado e adorado, elas poderiam aprender muito sobre Deus. O salmista fica muito feliz em usar o sol para lançar luz sobre a natureza de Deus: "O Senhor Deus é sol e escudo" (Salmos 84:11).

Existem inúmeras características de Deus que podemos compreender de forma mais clara ao pensar no sol por um momento, e de uma maneira que não se aplica a mais nada na criação. Glória, por exemplo; o fogo e o temor que ele produz. Alteridade. A misteriosa combinação de grande distância e presença perceptível — transcendência e imanência. A órbita que tudo vê e tudo ilumina, trazendo calor e revelação para o mundo inteiro (Salmos 19:4-6). O fato de que o sol está sempre brilhando, mesmo quando sua luz nos é ocultada pela posição da terra ou pela cobertura das nuvens. Brilho radiante. Poder absoluto. Quando os apóstolos querem que vejamos o esplendor de Cristo, a luz do sol é a única metáfora de que precisam. "Ali ele foi transfigurado diante deles. Sua face brilhou como o sol, e suas roupas se tornaram brancas como a luz" (Mateus 17:2; veja também Apocalipse 1:16).

O sol nos mostra algo da primazia, da centralidade e da soberania de Deus. É uma fonte de luz: a primeira, a fonte, a origem da iluminação para todo o resto. Em uma linguagem antiga, é o "luminar maior" que governa o dia, ditando as estações, os dias, as colheitas e o clima (Gênesis 1:14-16). Em uma linguagem moderna, é o gigantesco centro gravitacional do sistema solar, contendo 99,7% da massa total do sistema e atraindo todo o restante para sua órbita. Embora tenha sido criado, sua existência aponta para a independência de Deus, uma vez que o sol é uma luminária por si só, em vez de (como a lua) refletir a luz de outra fonte. Ele governa nossas noções de tempo (as horas do dia). Ele governa nossas noções de espaço (os pontos cardeais). Além de um ser humano, é difícil pensar qualquer coisa na criação que destaque tantas características de Deus quanto o sol.

Também existem conexões mais sutis aqui. Com o sol, assim como com Deus, não há distinção entre o que ele é e o que ele faz. O sol dá luz e calor porque é luz e calor. Sua ação reflete sua identidade; sua bondade é o transbordamento de sua natureza. E o mesmo vale para Deus. Ele faz o bem o tempo todo porque ele é bom o tempo todo. "Toda boa dádiva e todo dom perfeito vêm do alto, descendo do Pai das luzes, que não muda como sombras inconstantes" (Tiago 1:17). Talvez seja por isso que, ao comparar Deus com o sol, o salmista fala com entusiasmo sobre sua bondade. "O Senhor Deus é sol e escudo; o Senhor concede favor e honra; não recusa nenhum bem aos que vivem com integridade" (Salmos 84:11).[23]

De todas essas associações, no entanto, a que mais toca meu coração — e certamente aquela sobre a qual a maioria de nós mais canta, pelo menos no mundo anglófono — é a que aparece em Malaquias 4. Malaquias não tem ideia de que será a última voz profética por mais de quatrocentos anos. Ele não sabe que está registrando as palavras finais do Antigo Testamento, pelo menos nas Bíblias de nosso idioma (as Escrituras Hebraicas estão ordenadas de uma forma diferente). Mas ele quer que o povo de Deus saiba que, não importando quanto tempo eles tenham de esperar, o Senhor certamente virá, julgará o mal e fará com que o coração dos pais se volte para seus filhos, e o dos filhos para seus pais. E Malaquias quer que eles não apenas saibam, mas também sintam a alegria desse momento futuro, a alegria da presença de Deus surgindo sobre eles, mesmo que não vivam para ver isso. "Mas, para vocês que reverenciam o meu nome", promete Deus, "o sol da justiça se levantará trazendo cura em suas asas. E vocês sairão e saltarão como bezerros soltos do cur-ral" (Malaquias 4:2).

Essa é uma bela imagem. O retorno do Rei, quando ele vier, provocará o tipo de alegria que um pássaro canoro sente

---

[23]Veja Scott Swain, *God clothed in metaphor* (1 nov. 2019), disponível em: www.scottrswain.com/2019/11/01/god-clothed-in-metaphor-the-lord-god-is-a-sun-ps -8411/.

ao amanhecer ou um fotógrafo sente ao nascer do sol. Será como se o mundo inteiro estivesse sendo curado por raios da luz celestial. Trará despreocupação e a alegria que é vista nos cordeiros e bezerros recém-nascidos quando saltam de seus estábulos para os campos de primavera pela manhã, misturados com o alívio experimentado pelos pinguins-imperadores quando, finalmente, o sol surge no fim de um inverno antártico. Você vai querer dançar de alegria porque o tão esperado dia de sol chegou.

Portanto, a cada Natal, cantamos sobre isso e nos lembramos do brilho que irrompeu em nossa escuridão.

> *Salve, o Príncipe da Paz nascido no céu!*
> *Salve, o Sol da justiça!*
> *Luz e vida a todos ele traz*
> *ressuscitado com cura em suas asas!*[24]

---

[24]*Hark! the herald angels sing*, com letra de Charles Wesley e música de Felix Mendelssohn. (N. E.)

SEGUNDA PARTE

NOVO TESTAMENTO

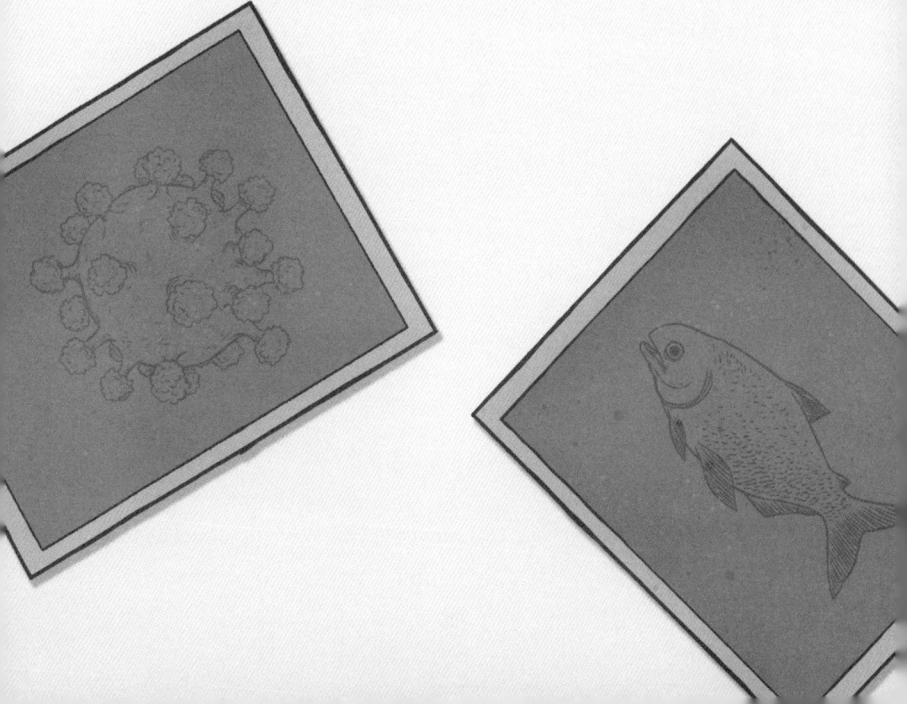

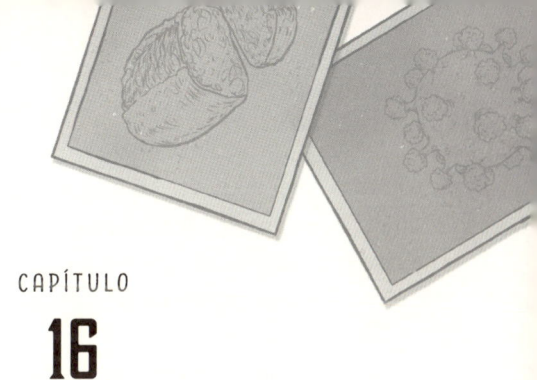

16

SAL

~

O POVO DE DEUS

*Vocês são o sal da terra. Mas, se o sal perder
o seu sabor, como restaurá-lo? Não servirá para nada,
exceto para ser jogado fora e pisado pelos homens.*
— MATEUS 5:13

Poucas coisas na criação são mais comuns do que o sal. A maioria de nós interagiu com ele nas últimas horas, quer percebamos ou não. Nós o usamos para fazer couro, cerâmica, sabão, detergentes, borracha, roupas, papel, produtos de limpeza, vidro, plásticos e produtos farmacêuticos. Ele passa despercebido em centenas de milhões de mesas de cafés e restaurantes em todo o mundo. Ao contrário da pimenta, que muitas vezes fica ao seu lado, o sal é essencial à nossa saúde e sempre foi consumido pelos seres humanos em todos os lugares onde nos estabelecemos. Nós o adicionamos a uma grande parte de nossa comida, tanto que muitos idiomas simplesmente distinguem entre sabores doce e salgado. Nós o espalhamos nas estradas quando neva. Mais da metade dos produtos químicos que fabricamos envolvem o sal em algum estágio do processo. E isso sem mencionar os trilhões de toneladas dele que estão em nossos oceanos, cobrindo 70% da superfície de nosso planeta. O sal está em todo lugar.

Sua banalidade e seu uso em todas as culturas fazem do sal um candidato óbvio para Jesus usá-lo como ilustração. Jesus, como sabemos, adorava usar objetos do dia a dia para comunicar verdades sobre Deus e seu povo, e sua caracterização dos discípulos como "o sal da terra" (Mateus 5:13) é, sem dúvida, o exemplo mais famoso. Até hoje, as pessoas usam essa expressão para se referir a pessoas boas, honestas e humildes. De forma menos previsível, essa expressão também aparece como o nome de uma música dos Rolling Stones, um poema de D. H. Lawrence e uma variedade intrigante de produtos, incluindo desodorantes, descalcificadores de água e, curiosamente, vinho.

Mas aqui está o que é realmente estranho: muitos discípulos de Jesus, as mesmas pessoas que ele identificou como o sal da terra, ainda não entendem completamente o que ele quis dizer. Muitos de nós já ouvimos explicações a esse respeito — nossa função é tornar o mundo mais saboroso ou impedir que apodreça —, mas essas explicações muitas vezes entram em conflito entre si e apresentam vários problemas. Jesus estava falando sobre sal em relação à terra, não sobre comida. Salgar a terra era algo que as pessoas faziam depois de destruir seus inimigos, em vez de abençoá-los. Em outras partes dos Evangelhos, Jesus conecta o sal com o fogo e com a vida em paz (Marcos 9:49-50), e nada disso parece encaixar-se na ideia de sabor ou preservação. Tecnicamente, o cloreto de sódio não perde o sabor de jeito nenhum.[25] Então, do que afinal Jesus está falando?

---

[25]Dito isso, devo salientar que o sal familiar ao público de Jesus provavelmente não teria sido cloreto de sódio puro, mas uma mistura de cloreto de sódio, cloreto de magnésio, cloreto de potássio, sulfato de cálcio e outras impurezas.

A razão pela qual isso é confuso é que o sal tinha várias finalidades no mundo antigo. Pelo menos cinco delas são relevantes para as palavras de Jesus sobre seus discípulos: o sal era usado para dar sabor, preservar, sacrificar, destruir e fertilizar. Em vez de presumir que a declaração de Jesus é confusa e depois debater qual uso específico do sal ele tinha em mente, é melhor considerar que ele sabia o que estava fazendo e que (como vimos ao longo deste livro) as metáforas podem funcionar de várias maneiras ao mesmo tempo. Seguidores de Jesus são como o sal: embora sejamos comuns, estejamos em toda parte e nos envolvamos em praticamente tudo, quer sejamos notados ou não, também desempenhamos uma variedade de papéis à medida que o reino de Deus vai se estabelecendo na terra. Vamos examinar cada uma dessas cinco finalidades.

Primeira: dar sabor. O sal torna a comida mais saborosa, seja adicionando sabor a algo que seria insosso (batatas fritas), seja realçando os sabores que já estão presentes (vegetais) ou ainda proporcionando um contraste com um gosto muito diferente (hummm, caramelo salgado). Esse provavelmente é o uso do sal em que a maioria de nós pensa, porque é o único dos cinco que ainda se aplica hoje em dia. Independentemente de a audiência original de Jesus também tê-lo considerado em primeiro lugar — e eles talvez não tenham feito isso —, essa é uma ilustração poderosa de como os cristãos devem servir ao mundo. Estamos destinados a nos espalhar pelo mundo e aprimorá-lo, adicionando sabor às coisas que seriam insípidas, destacando as bênçãos do que é bom e proporcionando contraste por agirmos de maneira especial e diferente. Quando Paulo nos diz que temos de garantir que nosso discurso seja "temperado com sal, para que saibam como responder a cada um" (Colossenses 4:6), é esse tipo de coisa que ele tem em mente.

Segunda: preservar. O sal era o antigo equivalente da refrigeração. Se você quisesse impedir a decomposição de carne ou peixe, poderia esfregar sal e torná-los comestíveis por mais tempo. Essa era a principal razão pela qual o sal era tão valioso. Os soldados romanos às vezes eram pagos com sal, o que (como uma curiosidade interessante, mas completamente irrelevante) é a origem de nossa palavra *salário*. Os discípulos de Jesus, nesse sentido, são enviados ao mundo para mantê-lo longe do apodrecimento, preservando sua bondade e impedindo que ele se corrompa ou seja arruinado, o que é uma coisa útil a se ter em mente quando vamos trabalhar todos os dias. O sal não apenas dá sabor; ele salva.

Terceira: sacrificar. Isso pode estar relacionado, em grande medida, com as duas funções anteriores do sal, embora provavelmente essa seja menos familiar para nós. No início da história de Israel, Moisés explicou como Israel deveria oferecer sacrifícios ao Senhor: "Temperem com sal todas as suas ofertas de cereal. Não excluam de suas ofertas de cereal o sal da aliança do seu Deus; acrescentem sal a todas as suas ofertas" (Levítico 2:13). Talvez por dar sabor aos alimentos e evitar que a carne estrague, o sal era uma parte necessária de todos os sacrifícios de Israel e até mesmo representava a aliança de Deus com eles. "Os discípulos são sal nesse sentido também", escreve Peter Leithart. "O mundo é um altar. A humanidade e o mundo devem tornar-se uma única grande oferta a Deus. Ao nos oferecermos em sacrifício obediente e sofredor, tornamo-nos o tempero em um sacrifício cósmico que o torna agradável a Deus."[26]

Quarta: destruir. Essa é uma função que, em geral, nos agrada menos, mas da qual não podemos escapar: existem mais referências bíblicas ao sal sendo usado em julgamento ou destruição do que com qualquer outro propósito. Quando a esposa de Ló olha para trás, para a cidade de Sodoma, ela é transformada

---

[26]Peter Leithart, "Salt of the earth", *First Things* (16 jan. 2015), disponível em: https://www.firstthings.com/web-exclusives/2015/01/salt-of-the-earth.

em uma estátua de sal (Gênesis 19:26), uma história à qual Jesus se refere ao falar do dia de sua vinda (Lucas 17:32). Moisés adverte Israel de que, se quebrarem a aliança de Deus, sua terra será "um deserto abrasador de sal e enxofre, no qual nada que for plantado brotará" (Deuteronômio 29:23). Quando o filho de Gideão, Abimeleque, tenta proclamar a si mesmo rei de Israel, os homens de Siquém se rebelam contra ele, e ele responde destruindo a cidade e colocando sal nela (Juízes 9:45). O salmista explica que Deus "faz da terra fértil um solo estéril, por causa da maldade dos seus moradores" (Salmos 107:34). O próprio Jesus, em uma das partes mais intensas de julgamento dos Evangelhos, simplesmente diz que "cada um será salgado com fogo" (Marcos 9:49). O sal, no Antigo Oriente Médio, era usado para expressar julgamento sobre o mal.

Existe um aspecto no qual os discípulos compartilham o mesmo propósito. Deus espalha cristãos salgados pelo mundo como uma forma de julgar o mal, destruir a maldade e impedir que a luxúria, a ganância, o assassinato ou a injustiça criem raízes. A própria existência da igreja, pregando e vivendo o evangelho, proclama julgamento contra os inimigos de Deus e serve como o que Paulo chama de "um evidente sinal a eles de sua destruição" (Filipenses 1:28, tradução livre). Isso pode explicar por que Jesus diz que somos o sal da terra imediatamente após falar da perseguição que enfrentaremos se o seguirmos. Com frequência, é claro, a igreja falhou em viver dessa maneira e tem acelerado o mal mundano em vez de freá-lo. Mas Jesus sabia que isso aconteceria. E por isso quase todas as suas palavras de julgamento são dirigidas ao povo de Deus, e não ao mundo incrédulo. Também precisamos ser salgados.

Quinta: fertilizar. Várias civilizações antigas usavam o sal como fertilizante para o solo e, dependendo das condições, ele poderia ajudar a terra a reter água, facilitar o arado dos campos, liberar minerais para as plantas, eliminar ervas daninhas, proteger as colheitas contra doenças, estimular o crescimento e aumentar a produção. A razão pela qual isso é importante é que Jesus caracteriza especificamente seu povo como o sal da *terra*, o que, em uma cultura rural e agrícola, teria sido significativo. Os discípulos são como fertilizantes. Devemos estar nos lugares em que as condições são desafiadoras e a vida é difícil. Somos enviados para enriquecer o solo, eliminar as ervas daninhas, proteger contra doenças e estimular o crescimento, e à medida que vamos nos espalhando, a vida floresce em lugares inesperados. Terras estéreis se tornam férteis. Quando o povo de Deus é redimido, como o profeta diz, "o deserto e a terra ressequida se regozijarão; o ermo exultará e florescerá como a tulipa" (Isaías 35:1).

Portanto, quando Jesus disse que somos o sal da terra, o que ele quis dizer? Ele quis dizer que Deus nos usará para dar sabor, preservar, sacrificar, destruir ou fertilizar? Em uma palavra, sim. Se alguém lhe disser que se trata apenas de uma dessas coisas, ouça-o atentamente. Mas não se esqueça de acrescentar uma pitada de sal.

17

CHUVA

A GRAÇA DE DEUS

Amem os seus inimigos e orem por aqueles que os perseguem,
para que vocês venham a ser filhos de seu Pai que está nos céus.
Porque ele faz raiar o seu sol sobre maus
e bons e derrama chuva sobre justos e injustos.
— MATEUS 5:44-45

Meu caminho para o trabalho está entre os mais bonitos do mundo. A partir do momento em que você pega a A267, em Hailsham, até entrar na via dupla em direção a Londres, do outro lado de Tunbridge Wells, percorre um trecho de cerca de quarenta quilômetros de avenida ladeada, de ambos os lados, por árvores decíduas de um verde profundo e generosamente enfeitadas com rododendros e azáleas de uma surpreendente coloração rosada. As aldeias têm nomes sugestivos: Horsebridge, Cross-in-Hand, Five Ashes, Mayfield, Mark Cross. As casas de secagem de lúpulo estão por toda parte. Assim como os jacintos--silvestres no chão da floresta, áreas verdes nas aldeias, *pubs* com fachadas de madeira, casas com grandes nomes e entradas longas, e fazendas que vendem lenha, ovos ou cerejas. Por vezes, há uma abertura na floresta, e você fica surpreso ao descobrir que pode ter a visão livre de alguns quilômetros, com nada além de campos ondulantes e sebes até a próxima torre do sino de igreja. Quando você dirige por lá em junho, a paleta de cores é tão vibrante que é difícil acreditar.

Há algo extravagante em como Deus distribuiu a beleza no mundo. Até onde eu sei, as pessoas de Sussex High Weald não são excepcionalmente piedosas, amorosas ou generosas. As casas pelas quais passo de carro são tão propensas a abrigar adultério, violência doméstica, abuso de drogas ou racismo, quanto qualquer outra no país. As propriedades caras podem pertencer a pessoas que trabalham duro, buscam justiça, amam o próximo e doam aos pobres, ou podem pertencer a completos canalhas que acumulam riqueza, exploram os mais fracos, sonegam impostos e traem seus parceiros. Apesar disso, Deus faz o sol nascer e a chuva cair sobre eles da mesma forma. Eles não merecem viver em uma área de beleza natural excepcional, assim como eu também não mereço. A beleza vem por causa do sol e da chuva, e o sol e a chuva vêm por causa da graça.

Isso me ocorre toda vez que aterrisso no Aeroporto de Gatwick. Quando olho pela janela do avião enquanto circulamos por Sussex, esperando para pousar, percebo novamente como a Inglaterra é exuberante, em contraste com qualquer lugar de onde eu tenha acabado de vir. (Minha esposa, Rachel, acha muito cansativo não conseguir passar por uma simples descida sem o meu discurso "olha como é verde".) Com frequência, estou retornando de uma nação cujos crentes são muito mais numerosos, alegres, humildes e suplicantes do que eu e cujos governos invadiram e colonizaram muito menos países do que o meu. Se a chuva fosse distribuída com base na justiça, então muitos dos meus irmãos e irmãs deveriam estar vivendo em um paraíso verde e muitos de nós deveriam estar vivendo em um deserto árido. Mas não é assim; não estamos. "Porque ele faz raiar o seu sol sobre maus e bons e derrama chuva sobre justos e injustos" (Mateus 5:45).

Em meu trajeto para o trabalho alguns dias atrás, eu vinha pensando em tudo isso enquanto ouvia minha *playlist*, e me ocorreu como exatamente a mesma coisa é verdadeira em relação às habilidades humanas. Fico maravilhado com uma grande variedade de pessoas extremamente talentosas em minha jornada: Lin-Manuel Miranda, Sting, Rihanna, Eva Cassidy, Kurt Cobain, Madonna, Prince, Adele, Nina Simone, Frank Sinatra. Não conheço nenhum deles pessoalmente, e ouvi dizer que alguns são (ou eram) absolutamente encantadores. Mas alguns são (ou eram) atormentados por arrogância, ganância, infidelidade, intimidação, presunção, raiva, comportamento abusivo e sabe-se lá mais o quê. Aparentemente, não há relação alguma entre a qualidade do caráter de alguém e quão talentoso esse alguém é, o que explica os enredos de filmes como *Amadeus*, *A Rede Social*, *Steve Jobs* e vários filmes sobre esportes. Se descobríssemos que Shakespeare era um assassino, isso não tornaria suas peças menos brilhantes (embora isso nos tornasse menos dispostos a encená-las). Michael Jackson e Kevin Spacey não se tornam menos magnéticos na tela quando seu comportamento fora dela é exposto. Isso, de certa forma, parece injusto. O talento, assim como a chuva, é derramado tanto sobre os maus como sobre os bons.

Historicamente, a igreja tem chamado isso de "graça comum", e é um dos grandes escândalos da teologia cristã. Se eu fosse Deus, distribuiria habilidades de acordo com o mérito: as pessoas boas seriam talentosas, as más não seriam, e um aumento na retidão resultaria em aumento no talento. Em meu mundo, todos os artistas, intelectuais, músicos e escritores mais talentosos seriam cristãos, a cultura seria completamente moldada por pessoas honradas, e as listas de candidatos ao Prêmio Nobel e às cerimônias do Oscar seriam preenchidas pelas fileiras dos altruístas. Seria um mundo de justiça, imparcialidade escrupulosa e, em última análise — por mais desconfortável que seja admitir —, legalismo.

Deus é diferente. Ele é um Pai generoso que transborda bondade sobre suas criaturas, quer elas gostem disso (ou dele), quer não. Ele espalha dons como a luz do sol e graça como a chuva. Ninguém recebe o que merece — e ainda bem que é assim. Caso contrário, nenhum de nós estaria aqui. Este mundo não está configurado para recompensar os justos com tempo bom, boas aparências e mentes ágeis; ele está configurado para proclamar a abundante bondade do Deus revelado em Jesus, que ama seus inimigos e ora por aqueles que o perseguem. Se você ama e ora por seus inimigos, diz Jesus, então assumirá a semelhança de uma família. Vocês serão filhos e filhas do seu Pai celestial, que dá a luz do sol, derrama a chuva e faz chover a graça.

O gracioso presente de Deus, a chuva, é a surpreendente lição final do sermão evangelístico mais curto e estranho do Novo Testamento. Barnabé e Paulo estão em Listra, na atual Turquia, e eles curam um homem que nunca foi capaz de andar, o que convence a multidão de que eles são deuses em forma humana. Horrorizados com o mal-entendido, eles rasgam suas roupas e imploram à cidade que abandone os ídolos e se voltem para o Deus vivo. "No passado ele permitiu que todas as nações seguissem os seus próprios caminhos", explicam eles. "Contudo, Deus não ficou sem testemunho: mostrou sua bondade, dando-lhes chuva do céu e colheitas no tempo certo, concedendo-lhes sustento com fartura e um coração cheio de alegria" (Atos 14:16-17). Fim do sermão. Mesmo com isso, diz Lucas, eles mal conseguiram impedir que as pessoas lhes oferecessem sacrifícios.

Nas primeiras dez vezes que li essa história, ela não fez sentido para mim. Como Paulo, de todas as pessoas, poderia pregar uma mensagem assim? Você deveria voltar-se para o Deus vivo por causa da *chuva*? O que ele está fazendo? Mas, quanto mais penso nisso, mais apropriado se torna. Sem dúvida, esse é um breve resumo do que eles disseram, e eles podem ter explicado a história de Jesus com muito mais detalhes fora das câmeras. Mas, ao encontrar pagãos pela primeira vez — pagãos cujo conceito de divindade se baseia em Zeus, cujo templo e cujo sacerdote são centrais em sua comunidade (v. 13) —, a primeira prioridade dos apóstolos é pregar a bondade e a benevolência de Deus. O Criador de todas as coisas não é como Zeus, dizem. Ele não é um tirano mesquinho, vingativo, que age na base do "olho por olho, dente por dente", irritável, que só abençoa se antes receber algo. Ele é um Deus que dá boas dádivas a todos — chuva, sol, frutas, colheitas —, quer o adorem, quer não. "O Senhor é bom para todos; a sua compaixão alcança todas as suas criaturas [...] Os olhos de todos estão voltados para ti, e tu lhes dás o alimento no devido tempo" (Salmos 145:9,15). Jerusalém serve a Yahweh e Listra serve a Zeus, mas ambos recebem chuva do mesmo céu. Chamamos isso de graça comum porque é abundante, mas, teologicamente falando, é uma expressão singular e excepcional da bondade de Deus.

Como um legalista natural, a graça é difícil para mim. O conceito de merecimento está profundamente enraizado em mim, e tenho dificuldade em compreender o favor não merecido e incongruente. Talvez você também sinta o mesmo. Se for o caso, então da próxima vez que você vir nuvens escuras se formando no céu, fique do lado de fora e espere a chuva cair. Cada gota de água que cai sobre você ou sobre mim está nos pregando que, não importa quão ímpios sejamos, nosso Pai celestial continuará a nos encharcar de graça como a chuva. Ele não direciona a água apenas para aquelas pessoas ou nações que atingiram um padrão suficiente de justiça; ele a lança de forma indiscriminada sobre nós, encharcando-nos com sua bondade, independentemente do tipo de vida que levamos, dos deuses que adoramos ou do dia que tivemos. Fique lá por alguns minutos e mergulhe na bondade imerecida e unilateral de Deus. Você pode até mesmo se encontrar cantando na chuva.[27]

---

[27]Referência ao clássico do cinema *Cantando na chuva*, de 1952, estrelado pelo ator Gene Kelly. (N. E.)

MAR

O TEMOR DE DEUS

*Eles estavam apavorados e perguntavam uns aos outros:
"Quem é este que até o vento e o mar lhe obedecem?".*
— Marcos 4:41

A primeira tempestade no mar, a gente nunca esquece.

Eu era um adolescente, de férias com minha família, e estávamos voltando da Dinamarca em um navio de passageiros. Em algum momento, no fim da tarde, o movimento normal de balanço do navio aumentou e, ao longo de algumas horas, o navio virou uma gangorra. Meus irmãos, irmãs e eu encontramos nosso caminho até as cabines no convés B, onde o balanço (assim convencemos a nós mesmos) estava mais intenso, e começamos a brincar de perseguição pelos corredores enquanto tentávamos desesperadamente manter o equilíbrio, pois o chão desaparecia sob nossos pés. Convencemos nossos pais a nos deixarem sair e fomos os últimos a conseguir antes que a tripulação fechasse as saídas por motivo de segurança. Minha irmã achou que todos nós morreríamos e permaneceu lá dentro com minha mãe, enquanto o restante de nós subia a escadaria externa na escuridão chuvosa, na companhia de ventos uivantes e com meu pai segurando os tornozelos do meu irmão mais novo, para evitar que ele fosse jogado ao mar. O navio balançava para trás e para frente. Nós gritávamos com um misto de terror e alegria. Quando chegamos ao convés A, estávamos 25 metros acima do nível do mar, mas as ondas eram tão violentas que parecia que alguém estava disparando canhões de água na enorme janela de acrílico à nossa frente. Somente no café da manhã do dia seguinte descobrimos quão grave tinha sido a tempestade: plataformas petrolíferas do mar do Norte haviam sido arrastadas por ela, e o capitão havia ancorado por dezessete horas porque os motores eram impotentes contra ela. Chegamos a Harwich com um dia inteiro de atraso, mas com um novo respeito pelo mar. Se uma balsa de 152 metros é sacudida daquele jeito, pensamos, imagine estar em um veleiro ou em um barco de pesca.

Com frequência volto a essas lembranças da tempestade quando estou lendo as Escrituras. O povo de Israel tinha pavor do oceano, como você pode ver em todos os tipos de passagens bíblicas, e minha experiência no mar do Norte me ajuda a compreender o porquê. Para muitas nações do mundo antigo, os mares eram lugares de confusão e escuridão: centenas de quilômetros de profundezas vazias e indefinidas, cheias de monstros, tempestades e inimigos saqueadores. Os israelitas que navegavam para o Mediterrâneo — com frequência chamado apenas de mar Grande — costumavam se perder ou naufragar, eram mortos ou retornavam com histórias de gigantes misteriosos nas profundezas, ou ainda eram engolidos por um peixe gigantesco por três dias, ou simplesmente desapareciam. Mesmo hoje, com nossos motores, marinhas e sistemas de navegação, o oceano aberto tem a capacidade de nos assustar com sua imprevisibilidade e escala; então, você dificilmente pode culpar os israelitas pelo temor que tinham. (Adoro o episódio sobre o oceano de *Planeta Terra*, o excelente programa da BBC sobre a natureza, que, basicamente, consiste em David Attenborough apontando para coisas estranhas na escuridão por uma hora e dizendo: "Sim, não temos ideia do que é isso". Ou penso em Harold Holt, o primeiro-ministro australiano que, de forma ainda mais bizarra, foi nadar perto de Melbourne em 17 de dezembro de 1967 e desapareceu sem deixar rastros.) O mar pode ser assustador.

No entanto, a visão de Israel sobre o mar não era apenas prática. Era teológica. Com muita frequência, as águas eram um agente de julgamento do qual o povo de Deus precisava ser resgatado. No início, a terra era sem forma e vazia, envolta em trevas e coberta de água (Gênesis 1:2), e a vida só foi possível quando Deus separou as águas e fez a terra firme aparecer. Quando Deus julgou a humanidade em Gênesis, efetivamente reverteu esse processo, inundando o mundo conhecido e limpando o mal com isso. A primeira tentativa de exterminar os hebreus foi afogando seus meninos nas águas do Nilo. Quando, finalmente, Israel escapou, foi pelo mar Vermelho, com os carros de guerra do Faraó enterrados no oceano atrás deles. A experiência de Jonas com os peixes não foi um acidente náutico, mas o resultado do julgamento divino. O mar, no Antigo Testamento, tinha um significado espiritual, além de ser fisicamente perigoso.

Mas Yahweh é o Rei do mar. Então, embora os oceanos pudessem ser assustadores, Israel adorava o Deus que os criou, que estabeleceu para eles um limite que não podiam ultrapassar (Salmos 104:9) e lhes disse: "Até aqui você pode vir, além deste ponto, não; aqui faço parar suas ondas orgulhosas" (Jó 38:11). A maré não pode avançar um centímetro além da linha estabelecida por seu Criador. Deus é nosso refúgio e nossa força, então não precisamos temer, mesmo quando os oceanos estrondam, espumam e engolem as montanhas (Salmos 46:1-3). O mar é estrondoso e poderoso, mas não se compara àquele que mede as águas na concha de sua mão (Isaías 40:12). "Mais poderoso do que o estrondo das águas impetuosas, mais poderoso do que as ondas do mar, é o SENHOR nas alturas" (Salmos 93:4).

A soberania de Deus sobre o mar deu grande confiança a Israel nos momentos de necessidade. Afinal, Noé foi resgatado do Dilúvio, Moisés foi resgatado do Nilo e Israel foi resgatado do mar Vermelho. Com base nesse histórico de resgates marítimos, quando, séculos depois, Israel estava enfrentando o exílio e o julgamento, poderia apelar a Deus para salvá-lo novamente. "Desperta! Desperta! Veste de força, o teu braço, ó SENHOR; acorda, como em dias passados, como em gerações de outrora. Não foste tu que despedaçaste o Monstro dos Mares, que traspassaste aquela serpente aquática? Não foste tu que secaste o mar, as águas do grande abismo, que fizeste uma estrada nas profundezas do mar para que os redimidos pudessem atravessar?" (Isaías 51:9-10). Desperta, ó Deus! Salva-nos das águas do julgamento, como fizeste antes!

Isso traz um significado completamente novo para o acalmar da tempestade no mar da Galileia, em Marcos 4. (Na verdade, "mar" é um nome interessante para isso. Lucas, o gentio, o chama de Lago de Genesaré, o que é bastante justo, considerando que ele contém água doce e tem menos de dezesseis quilômetros de largura. Mateus, Marcos e João, todos judeus, o chamam de mar da Galileia. Eles estão dizendo, entre outras coisas, que esse é um lugar de perigo e confusão.) Começa uma tempestade, o barco está balançando para cima e para baixo, as ondas estão se chocando na lateral e o barco corre o risco de afundar. Enquanto isso, Jesus está dormindo. Então, quando eles o acordam e clamam por ajuda, os ecos de Isaías 51 são inconfundíveis. Desperta, ó Deus! Salva-nos das águas do julgamento, como fizeste antes!

Jesus se levanta e repreende o mar. "Aquiete-se! Acalme-se!" (Marcos 4:39). Instantaneamente, a água fica calma, e o uivo do vento e o alvoroço dos discípulos são silenciados. Mas observe: a famosa passagem que se segue — "Quem é este que até o vento e o mar lhe obedecem?" (v. 41) — não é apenas uma expressão de espanto pelo fato de um milagre poderoso ter ocorrido. A essa altura do evangelho, os discípulos já viram muitos milagres. É a compreensão de que existe apenas um Rei do mar, alguém com autoridade para dizer: "Até aqui, além deste ponto não", aquele que pode acordar para separar as águas, acalmar as ondas e fazer um caminho para os redimidos passarem. Os discípulos haviam partido naquela noite para uma travessia de treze quilômetros com um rabino sonolento, e se encontraram algumas horas depois no meio de Isaías 51 com o Criador do mundo, o Deus do êxodo, o Rei do mar. Quem, então, é este?

Enquanto a tempestade estava forte, eles sentiram medo. Mas, quando ela cessou e eles perceberam quem Jesus realmente era, foram tomados por um grande temor. O mar era assustador, mas o Rei do mar era aterrorizante. O inimigo provoca medo, mas não tanto quanto aquele que pode destruir o inimigo com uma única palavra. Em uma estranha reviravolta, os discípulos sentem mais medo no fim da história do que no início.

Mas agora o medo deles reside naquele que está a favor deles, e não contra eles. O temor a Deus sempre funciona assim. Em certo sentido, Aslan é mais assustador do que a Bruxa Branca, e Dumbledore, mais alarmante do que Voldemort. Quando você assiste à cena final de *Jurassic Park*, tem mais medo do tiranossauro rex que vem para resgatar as crianças do que dos velociraptores que estão tentando matá-las. Quando Simba e Nala são resgatados do cemitério de elefantes, eles têm mais medo de Mufasa (que está do lado deles) do que das hienas (que, definitivamente, não estão). Mas esse medo é bom, pois sabem que Mufasa está do lado deles. Não é um terror acovardado, mas um temor apreciativo e reverente. E essa é a única resposta adequada ao Rei do mar.

Desse ponto em diante, algo muda na história das Escrituras e do mar. Dois capítulos depois, os discípulos estão novamente em apuros no mar, e Jesus caminha em direção a eles sobre o mar e diz: "Coragem! Sou eu! Não tenham medo!" (Marcos 6:50), antes de mais uma vez silenciar o vento e as ondas. (Poderíamos traduzir isso de uma forma diferente: "Coragem! Eu sou. Não tenham medo!".)[28] No livro de Atos, encontramos a história de Jonas invertida: outro pregador judeu segue para o oeste em direção ao Mediterrâneo, mas ele vai alcançar os gentios em vez de evitá-los, o mar se torna um meio de transporte, e não um meio de julgamento, e sua história de naufrágio termina com toda a tripulação sendo salva e a ilha de Malta inteira sendo curada. O mar ainda é poderoso, mas agora alguém mais poderoso chegou, e o oceano turbulento foi subjugado.

Finalmente, quando a nova criação é apresentada, há água por toda parte — uma água doce, cristalina e vivificante que jorra do trono de Deus —, mas as profundezas turbulentas, a fonte primordial de trevas e monstros, medo e confusão, foram abolidas para sempre pelo Rei do mar. "Então vi novos céus e nova terra, pois o primeiro céu e a primeira terra tinham passado; e o mar já não existia" (Apocalipse 21:1).

---

[28]Há uma série de indicações na passagem de que Marcos está destacando aqui a divindade de Jesus e, em particular, os paralelos entre Marcos 6:48 e Êxodo 33:22; Salmos 77:19; Isaías 43:16; Jó 9:4-11 (LXX). Veja Richard Hays, *Echoes of Scripture in the Gospels* (Waco: Baylor Univ. Press, 2016), p. 71-3.

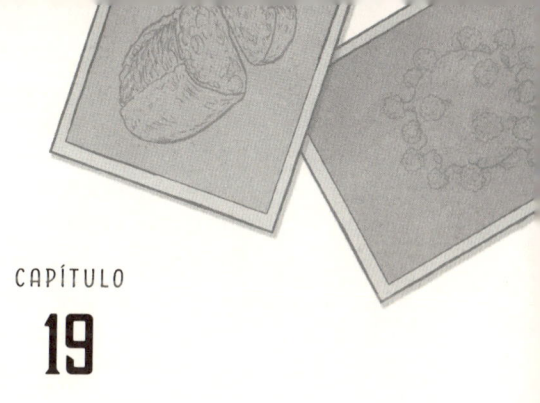

19

FLORES

~~~~~~

A PROVISÃO DE DEUS

"Observem como crescem os lírios. Eles não trabalham nem tecem.
Contudo, eu digo a vocês que nem Salomão, em todo o seu esplendor,
vestiu-se como um deles. Se Deus veste assim a erva do campo,
que hoje existe e amanhã é lançada ao fogo,
quanto mais vestirá vocês, homens de pequena fé!"
— Lucas 12:27-28

Às vezes fico ansioso, e digo isso a ele. Ele, então, me diz: observe os lírios. Então eu faço isso.

Eu compro um buquê deles, coloco em minha cozinha e fico olhando para aquelas flores. O brilho do branco contra o verde, como nuvens pairando sobre o topo das colinas em um dia ensolarado, faz com que pareça primavera, mesmo que seja outono e esteja chovendo há duas semanas seguidas. A fragrância enche o ambiente, misturando-se com os odores do detergente líquido *Fairy* e da torrada queimada. Os lírios têm um aroma que é, ao mesmo tempo, surpreendente e estranhamente familiar:

surpreendente porque é tão intensamente doce, como se seu néctar estivesse me convocando, e não apenas as abelhas; mas estranhamente familiar porque foi imitado (pobremente) por todos que já fabricaram aromatizador de ambientes ou amaciante de roupas. Alguns dias passam. O esplendor deles permanece, mas eu tenho de me esforçar para continuar notando-os, e ainda mais para continuar observando-os. Em uma semana, eles começam a desbotar e, após dez dias, estão adquirindo uma tonalidade marrom, e precisam ser jogados fora. Eu os coloco no lixo do jardim, e não na estufa, mas não acho que Jesus vá se importar com isso.

Observe os lírios, diz ele. Pense neles. Fique olhando para eles. Cheire-os. Coloque o pólen em sua camisa se necessário. Agora, o que você percebe? Eles não fazem muita coisa, não é? Eles apenas ficam ali parados, sem estresse e sem pressa, sem trabalhar ou tecer. Sua beleza é incomparável, mas não é conquistada; é dada. Eles nem mesmo duram muito tempo. Por fim, você os joga fora e os substitui por outro buquê. No entanto, nenhum ser humano na história se vestiu assim. Se Deus os veste assim, tão temporários e descartáveis como são, ele também vestirá você. Então, por que você se sente ansioso?

Porque eu não quero apenas o suficiente para vestir, respondo. Eu não quero apenas o suficiente para comer e um teto sobre minha cabeça. Eu quero roupas bonitas e comida que eu goste e muito espaço pessoal, e não sei se vou conseguir tudo isso. Eu quero que as pessoas gostem de mim. Eu quero que minha vida tenha sentido. Eu quero que minha esposa seja feliz e meus filhos prosperem, que a reunião da próxima semana corra bem e que minha reputação seja melhor amanhã do que foi ontem. Eu quero que minha situação financeira melhore em vez de piorar. Eu quero terminar minha vida sabendo que fiz o suficiente, providenciei o suficiente, amei o suficiente. Eu quero viver e não morrer. Eu quero uma infinidade de coisas que podem ou não acontecer. Por isso estou ansioso. Há alguma sabedoria, alguma terapia, que você possa sugerir para alguém assim?

Ele responde: flores.

Observe os jacintos-silvestres, diz ele. Durante onze meses do ano, eles não fazem absolutamente nada. Permanecem adormecidos na floresta, nas profundezas do solo, escondidos sob uma cobertura nada glamurosa de folhas caídas e samambaias que lentamente estão se decompondo. Estão cercados por árvores, que se erguem sobre eles e têm a oportunidade de experimentar a luz todos os dias. Mas não estão preocupados com isso. Eles esperam a hora certa. Eles sabem que, quando maio finalmente chegar, todos sairão para brincar juntos, formando um tapete elaborado de azul profundo que atrairá moradores de cidades a quilômetros de distância apenas para passear entre eles e fazer seus filhos posarem para fotos. Eles não são perenes, e sabem disso. Não tentam ser algo que não são. Os jacintos-silvestres pegam a água e os nutrientes que Deus dá, crescem na escuridão durante boa parte do ano e, quando as estações mudam e o sol aparece, eles se alegram.

Observe as rosas, diz ele. Elas são um símbolo de amor, mesmo que dezenas de outras flores sejam pelo menos tão bonitas (orquídeas? dálias? gérberas?), e outras dezenas sejam pelo menos tão perfumadas (é difícil superar um narciso na primavera, não é?). Então, por que elas aparecem tantas vezes no Dia dos Namorados ou em casamentos? Porque, por todas as razões poéticas e históricas, elas se tornaram o símbolo do romance. Um buquê de rosas diz "Eu te amo" muito mais do que um buquê de margaridas silvestres ou de açafrão, não importa quão bonitas sejam as margaridas ou quão perfumado seja o açafrão. Portanto, o verdadeiro poder das rosas não vem do que elas são em si mesmas — seu pólen, a curvatura de suas pétalas, sua cor —, mas do que representam. O significado e o valor do presente derivam do amor de quem o dá. E se isso é verdade no caso de uma rosa, quanto mais é para um ser humano?

Observe as ervilhas doces, diz ele. Elas não aspiram ser mais do que são. Elas não olham para trás, para os girassóis, e se perguntam por que não são mais altas, mais brilhantes e amarelas, ou mais capazes de se transformar em óleo, ou de ser autorizadas a viver no sul da França; ou por que não são feitas com grandes faces pretas e talos fortes. Elas não veem seu valor em termos relativos. Elas receberam texturas delicadas e pétalas suavemente mescladas com roxo e branco, e as usam com orgulho. Elas são muito mais felizes assim.

Observe a trepadeira jade, diz ele. Alguns podem considerá-la uma espécie malsucedida. Você nunca ouviu falar dela, porque ela só vive nas florestas tropicais das Filipinas, e é quase impossível cultivá-la em qualquer outro lugar, porque é polinizada principalmente por morcegos. Morcegos! Segundo a maior parte das métricas mundanas, ela perde para todas as outras flores que você possa pensar. Mas eu a amo. Eu me deleito com sua cor verde-menta e seus cachos suspensos de flores em forma de garras. Adoro o fato de as flores parecerem borboletas com asas dobradas e que, apesar de toda a sua beleza floral, na verdade seja uma vagem. E adoro que ela continue florescendo na estranheza e na escuridão, despercebida e não divulgada, não se importando se alguém já ouviu falar dela, contente simplesmente por ser conhecida e amada por mim. Acaso não escolhi o que, para o mundo, é loucura para envergonhar os sábios?

Observem os dentes-de-leão, diz ele. É difícil pensar em algo mais frágil do que um dente-de-leão. Se existe alguma espécie que tem o direito de ficar ansiosa, é a bola pálida de penugem que pode ser soprada em pedaços por uma criança pequena, carregada pelo vento e espalhada por uma ampla área. Mas, então, ela se enraíza e se torna uma das flores mais robustas em qualquer lugar, quase impossível de arrancar com as próprias mãos, a ponto de muitos jardineiros exasperados a chamarem de erva daninha, e os franceses chamarem, igualmente, de *dent de lion.* Percebe? Sua fraqueza é sua força. Ao se entregar para ser soprada, ela surge indestrutível e produz muitos frutos. Se Deus ressuscita assim o dente-de-leão, que hoje existe e amanhã se vai, acaso não ressuscitará muito mais vocês, homens de pequena fé?

Ainda fico ansioso às vezes. Tenho notado alguns padrões: meu nível de ansiedade tende a ser maior quando passo muito tempo com telas ou dinheiro, e tende a ser menor quando passo muito tempo com árvores ou crianças, embora até mesmo o momento mais sereno possa ser interrompido por uma preocupação inesperada. Mas, quando isso acontece, posso falar comigo mesmo. Posso dizer à minha alma que minhas razões para ficar ansioso — comparação, ambição, medo da morte, inveja, distração, insatisfação ou o que quer que seja — são muito menos convincentes do que parecem. Posso dizer isso com a ajuda do salmista: "Senhor, o meu coração não é orgulhoso e os meus olhos não são arrogantes. Não me envolvo com coisas grandiosas nem maravilhosas demais para mim. De fato, acalmei e tranquilizei a minha alma. Sou como uma criança recém-amamentada por sua mãe; a minha alma é como essa criança" (Salmos 131:1-2). Posso dizer isso com Agostinho: "Fizeste-nos, Senhor, para ti, e o nosso coração anda inquieto enquanto não descansar em ti".[29] Ou posso dizer isso com flores.

---

[29]Agostinho, *Confissões* 1.

20

VENTO

O Espírito de Deus

O vento sopra onde quer. Você o escuta, mas não pode dizer de onde vem nem para onde vai. Assim acontece com todos os nascidos do Espírito.

— João 3:8

Às vezes, a sabedoria das imagens bíblicas me impressiona profundamente. Vamos supor que você esteja tentando criar uma metáfora para a maneira de Deus atuar no mundo, e tenha de ser uma metáfora que possa ser compreendida por uma criança. Você precisa de uma imagem simples e cotidiana que comunique a soberania sem fatalismo: um poder imenso capaz de fazer o que quiser com total liberdade, mas sem destruir a resposta significativa de outros seres. A imagem precisa mostrar como Deus dá vida às suas criaturas ao criá-las e continua a vivificar a vida diária delas de forma contínua. Ela precisa mostrar como as Escrituras são divinas em seu conteúdo, mas também completamente humanas, sem tornar os autores humanos em inovadores livres ou marionetes interativas. E se sua metáfora também puder encontrar um meio de explicar que Deus é espírito e, portanto, invisível e imaterial, sem ser menos real por essa razão, isso seria um bônus.

Sua escolha de metáfora tem implicações profundas. Se errar, você pode desviar a igreja do curso pelos próximos dois mil anos. Se você imaginar o mundo como uma máquina e Deus como o *designer* mestre, como muitos fizeram no século 18, então você criará todos os tipos de problemas não intencionais para as pessoas posteriormente. As pessoas começarão a falar da relação entre Deus e a criação usando palavras como relojoeiro ou engenheiro, e então palavras como robô, autômato, programado, processo, sistema e projeto se infiltrarão na teologia prática. Antes que você perceba, tanto a liberdade humana (para fazer escolhas significativas) como a liberdade divina (para fazer qualquer coisa além de observar o desenrolar das coisas) terão ido por água abaixo, e será culpa sua. Com tudo isso em mente, qual imagem você usaria? Não é fácil, não é?

Esta é a genialidade das Escrituras: não apenas o fato de haver tal imagem e de que toda criança a partir dos três anos de idade pode entendê-la, mas também o fato de ela ser introduzida no segundo versículo da Bíblia. "No princípio Deus criou os céus e a terra. Era a terra sem forma e vazia; trevas cobriam a face do abismo, e o [Espírito-vento-sopro] de Deus se movia sobre a face das águas" (Gênesis 1:1-2). Aí está. Imagine a atividade de Deus na Criação como um vento poderoso se preparando para soprar sobre a face do abismo ou como o sopro de Deus se preparando para animar e dar vida às suas criaturas.

Para ser justo, você pode trapacear se estiver escrevendo em hebraico ou grego. Em inglês, temos três palavras aqui: *breath*, do inglês antigo *braet*, que significa "cheiro"; *spirit*, do latim *spiritus*, que significa "sopro" ou "espírito"; e *wind*, do alemão

Wind, que significa... "vento". Mas a palavra hebraica *ruach* e a palavra grega *pneuma* abrangem todos esses três significados. Em uma única palavra, os escritores das Escrituras são capazes de sugerir espiritualidade, poder invisível e sopro vital, tudo de uma só vez.

Para qualquer pessoa que seja pai, isso é de grande ajuda. As crianças não têm muita idade quando começam a fazer perguntas como: "Onde está Deus?" e "Por que não consigo vê-lo?". Ao responder, a maioria de nós não precisa ir além da explicação de Jesus em João 3: você também não pode ver o vento enquanto ele pega aquelas folhas e as gira em círculos, mas você ainda sabe que está lá e ainda pode experimentá-lo por si mesmo. À medida que essas crianças forem crescendo, podemos passar para João 4. Deus é espírito — como o vento, ele não tem um corpo, limites físicos ou partes e não pode ser visto — e ele deseja que as pessoas o adorem em espírito e em verdade (João 4:24).

Na verdade, a imagem se torna ainda mais útil quando amadurecemos. A linguagem do Espírito-vento-sopro é inestimável quando começamos a fazer perguntas sobre a soberania de Deus e a liberdade de escolha dos seres humanos. Você pode pensar que a atividade de Deus e a nossa são como as duas extremidades de uma gangorra: quanto mais ele faz, menos há para nós fazermos. Muitas pessoas pensam assim e ficam confusas quando descobrem que a Bíblia fala como se a gangorra estivesse abaixada nas duas extremidades. Mas a relação entre a atividade divina e a atividade humana não se parece em nada com uma gangorra. É mais parecida com o que acontece quando você enche um balão: quanto mais esforço você faz, mais ar entra no balão e, portanto, mais trabalho há para o látex realizar. Ou pense em uma criança empinando uma pipa: quando uma rajada de vento vem, a criança tem de fazer mais esforço do que estava fazendo anteriormente, não menos. O poder não vem de nós, tampouco deixamos passivamente as coisas acontecerem conosco. Trabalhamos porque ele trabalha (Filipenses 2:12-13).[30] Como o vento.

Uma imagem semelhante ajuda a ilustrar a doutrina da Escritura. Como explicamos a ideia de que a Escritura é a palavra de Deus em palavras humanas? Como fazemos justiça tanto ao seu autor divino como aos seus autores humanos, sem fazer com que pareça uma mera invenção da imaginação humana — com todas as limitações, todos os erros e preconceitos que isso implica — ou um pedaço de texto ditado mecanicamente que cai do céu encadernado em couro, completo, com mapas e não impactado pela cultura, linguagem, personalidade ou história dos escritores? Novamente, fazemos isso seguindo o exemplo dos apóstolos e usando a imagem do Espírito-vento-sopro. Toda a Escritura é *theopneustos*, diz Paulo (2Timóteo 3:16): o resultado do sopro, do vento, do espírito de Deus (daí vem nossa palavra *inspiração*). "Homens falaram da parte de Deus, impelidos pelo Espírito Santo", diz Pedro (2Pedro 1:21). Os seres humanos falaram com o sopro que Deus lhes deu. Essa é uma imagem poderosa.

Pense em um músico de jazz talentoso como Miles Davis. Ele pode tocar uma variedade de instrumentos — trompete, fliscorne,[31] saxofone, clarinete ou qualquer outro — e todos eles produzem sons diferentes, de acordo com o tipo de música que está tocando. Quando ele sopra em cada um deles, está colocando seu sopro no instrumento, e é ele o responsável por garantir que seja tocado perfeitamente: o músico escolhe o instrumento, toca

---

[30] A teóloga Kathryn Tanner chama essa relação de "transcendência não contrastiva" (*God and creation in Christian theology: tyranny or empowerment* [Minneapolis: Fortress, 1988]); é também frequentemente referida como "compatibilismo", com base na afirmação de que a agência divina e a humana são compatíveis uma com a outra.

[31] O fliscorne é um instrumento de sopro do grupo dos metais, da família dos trompetes, com uma campânula mais cônica e com a volta do tubo mais espaçosa. (N. R.)

a nota tão alta, baixa, longa ou curta quanto deseja e é quem (com razão) recebe elogios pela qualidade da performance. Mas as formas, os ânimos, as texturas e os sabores dos sons produzidos por cada instrumento são diferentes, refletindo a maneira que foram fabricados. O mesmo sopro que torna um trompete ousado pode tornar um saxofone abafado e um clarinete melancólico. O mesmo Espírito-vento-sopro pode falar por intermédio de Jeremias e Moisés, Paulo e João, e produzir sons bem diferentes, coloridos por toda a riqueza de sua experiência humana. Mas, ainda assim, as palavras foram sopradas por Deus.

Talvez a aplicação mais poderosa da imagem do Espírito-vento-sopro, em minha experiência, esteja relacionada à nossa experiência de Deus na vida cotidiana. Quando Paulo nos diz "deixem-se encher pelo Espírito" (Efésios 5:18), por exemplo, isso pode soar um tanto estranho. Como se obedece a algo assim? Claramente, posso obedecer a algo diretamente (como "Telefone para sua mãe"), e todos nós fazemos isso o tempo todo. Mas o que devemos fazer se alguém disser: "Permita-se receber um telefonema de sua mãe"? Isso pode soar confuso.

Em consequência, muitos cristãos não têm certeza suficiente do que significa ser cheio do Espírito. É uma experiência que devemos ter e, se sim, qual? É uma série de hábitos que devemos desenvolver e, em caso afirmativo, quais são esses hábitos? Os crentes reformados e conservadores muitas vezes enfatizarão o hábito, com base na instrução paralela em Colossenses: "Habite ricamente em vocês a palavra de Cristo" (3:16). Os pentecostais e carismáticos, por sua vez, costumam enfatizar a experiência, relacionando-a ao batismo no Espírito, no livro de Atos. Mas, quando lemos a metáfora à luz do Espírito-vento-sopro, ela instantaneamente se torna muito mais clara. Principalmente se você já velejou.

Pegar o vento em um barco à vela é claramente uma experiência na qual você é agarrado e levado adiante por uma força poderosa que vem de outro lugar — lembro-me vividamente da primeira vez que isso aconteceu comigo. Você depende inteiramente da força externa para chegar a qualquer lugar, e nenhum marinheiro imagina mover o barco com sua própria força. (Você saberá disso se alguma vez tiver ido velejar depois de remar.) Como Paulo insiste em Romanos 7—8, ser movido por músculos/carne é completamente diferente de ser movido por vento/Espírito.

Ao mesmo tempo, pegar o vento também é um hábito. Se você não levantar as velas, puxar a escota rapidamente ou ajustar a bujarrona, o vento pode estar soprando com força, mas você não irá a lugar algum. É preciso reagir atentamente ao que quer que o vento esteja fazendo, e isso vem do conhecimento, da habilidade e do cultivo de bons hábitos. Velejar, nesse sentido, é a arte de responder atentamente a um poder externo. O Espírito-vento-sopro é poderoso e traz experiências transformadoras, mas nós somos responsáveis por nos alinhar a ele e aprender com ele. "Se vivemos pelo Espírito, andemos também pelo Espírito" (Gálatas 5:25).

Deus é Espírito — invisível, indomável, poderoso, vivificante e indômito, mas sem destruir a nossa ação ou personalidade —, e segui-lo é como velejar. Como empinar pipa. Como jazz. É uma aventura.

21

ÁGUA

A VIDA DE DEUS

*Jesus respondeu: "Quem beber desta água terá sede outra vez,
mas quem beber da água que eu lhe der nunca mais terá sede.
Ao contrário, a água que eu lhe der se tornará nele
uma fonte de água a jorrar para a vida eterna".*

— João 4:13-14

A água é uma maravilha. Você não precisa que eu lhe diga isso. A vida na Terra é possível sem muitas das coisas apresentadas neste livro (mel, porcos, roupas e assim por diante) e provavelmente seria muito mais agradável para nós sem algumas delas (terremotos, vírus). Mas a água é essencial. Toda forma de vida conhecida requer água para sobreviver, seja para beber em intervalos de algumas horas, como você, ou sendo capaz de sobreviver sem beber por décadas, como um tardígrado. (Pesquise sobre eles. São bem estranhos.) A água é vital. Não é apenas importante, mas necessária para que qualquer coisa esteja viva.

É uma maravilha molecular. O valor de seu calor específico é o mais alto de qualquer líquido, o que, basicamente, significa que é mais difícil aquecê-la ou resfriá-la do que qualquer outra substância, e isso significa que ela age como um gigantesco estabilizador de temperatura, mantendo o planeta fresco no verão e quente no inverno. (Se você mora em uma ilha, como eu, obtém esse benefício tanto local como globalmente, e isso é algo sobre o que você se gaba se tiver amigos em Chicago.)

Lembro-me de onde eu estava, no centro de Londres, quando ouvi um pastor de Nairóbi explicar a sabedoria de Deus por meio das propriedades químicas da água. Todas as outras substâncias que você possa imaginar, disse ele, são mais densas quando estão sólidas do que quando estão líquidas. Isso é o que você aprendeu em química na escola. Quando os elementos entram em ebulição, transformam-se em gases e se espalham mais; quando congelam, transformam-se em sólidos e se condensam mais. Então, se você colocar ouro sólido em uma piscina de ouro líquido, ou hidrogênio sólido em uma piscina de hidrogênio líquido, ou qualquer outra substância, o sólido afundaria. Isso é o que acontece com todas as substâncias que você possa imaginar e com todos os elementos que são líquidos à temperatura ambiente.[32]

Com uma exceção. Quando a água entra em ebulição e se transforma em vapor, como qualquer outro líquido, ela se expande. Mas, quando congela e se transforma em gelo, curiosamente também se expande. O gelo é cerca de 9% maior do que a mesma massa de água, e é por essa razão que os icebergs existem, as latas de cerveja explodem se você deixá-las por muito tempo no congelador e os cubos de gelo flutuam em seu refrigerante. Todos os outros líquidos afundam quando congelam.

---

[32]Há um pequeno número de elementos que se expandem como sólidos (silício, plutônio e alguns outros), mas nenhum que seja líquido em seu estado natural.

Mas, por razões de química molecular que realmente não compreendo (e certamente não seria capaz de explicar), a água congelada flutua.

Considere as implicações disso. Precisamos que a água se expanda quando entra em ebulição, porque, se isso não acontecesse, ela afundaria em vez de evaporar e, então, nós não teríamos nuvens nem chuva, nem qualquer água doce em lugar nenhum (porque toda água doce, por fim, iria para o mar e não seria substituída), e todos nós morreríamos. Mas também precisamos que a água se expanda quando congela. Do contrário, não existiriam icebergs, que flutuam na superfície do oceano e, por fim, recebem o calor do sol e derretem. Em vez disso, quando a temperatura ficasse abaixo de determinado ponto, o gelo afundaria até o fundo do mar, não receberia o calor do sol e, aos poucos, isso faria com que muitos oceanos congelassem de baixo para cima, e todos nós morreríamos. Então, Deus criou a água com propriedades químicas que, em algum sentido, de maneira que apenas pessoas muito inteligentes descobriram bem recentemente, fazem com que ela se expanda tanto quando entra em ebulição como quando congela. "Quantas são as tuas obras, SENHOR! Fizeste todas elas com sabedoria!" (Salmos 104:24).

Para a maioria de nós, ao que parece, a maravilha da água não está na biologia, na física ou na química, mas, sim, nas maneiras muito comuns em que dependemos dela em nosso cotidiano. Talvez não a entendamos muito bem ou nem mesmo pensemos nela com frequência, mas sabemos que precisamos dela, e exatamente pelas mesmas razões que todos na história sempre precisaram: para beber, para limpeza e para a agricultura. Se tivermos isso em mente ao lermos as Escrituras, encontraremos algo surpreendente. Em cada um desses três aspectos, nossa necessidade de água reflete nossa necessidade de Deus e, em particular, da pessoa do Espírito Santo.

Somos criaturas sedentas. Uma das primeiras coisas que fazemos pela manhã é tomar uma bebida, o que também é praticamente a primeira coisa que fazemos depois de nascer. A sede genuína é algo que raramente sentimos quando vivemos em um país com água potável. Entretanto, se você já subestimou o calor de um dia ou a extensão de uma caminhada, ou ambos, talvez conheça a sensação: boca ressecada, língua parecida com um bastão, pulsação nas têmporas, fantasias intermináveis de encontrar um rio, uma fonte ou até mesmo um companheiro de viagem que esteja mais bem preparado do que você. A sede, mais do que qualquer outra experiência humana, causa obsessão: a percepção de que, apesar de todas as nossas forças e habilidades, simplesmente não podemos viver sem água e, nas circunstâncias certas, faríamos qualquer coisa para obtê-la.

Esse desespero é como Davi nos apresenta sua intensa necessidade do Deus vivo. "Ó Deus, tu és o meu Deus, eu te busco intensamente; a minha alma tem sede de ti! Todo o meu ser anseia por ti, numa terra seca, exausta e sem água" (Salmos 63:1). Trata-se de uma imagem vívida e visceral, tornada mais autêntica pelo fato de ter sido escrita por um homem escondido no deserto de Judá, e mais poderosa pela confissão que a segue: "O teu amor é melhor do que a vida! Por isso os meus lábios te exaltarão" (v. 3). Pode ser que eu seja o rei ungido, Davi está dizendo, e que tenha comandado exércitos e matado gigantes. Mas não posso viver sem ti. Nada mais me satisfará; eu preciso de ti como um camelo busca um oásis, como uma corça anseia por água corrente (Salmos 42:1-2), como Israel ansiava pela água da rocha (Êxodo 17:1-7; Números 20:1-13).

Nós, como Davi, somos pessoas sedentas e desesperadas, ressecadas e impotentes sem o nosso Criador. Nossa única esperança vem do forte chamado de Jesus: "Se alguém tem sede, venha a mim e beba. Quem crer em mim, como diz a Escritura, do seu interior fluirão rios de água viva" (João 7:37-38).

João imediatamente explica: "Ele estava se referindo ao Espírito, que mais tarde receberiam os que nele cressem" (v. 39). Nossa sede espiritual, por mais intensa que seja, é deliciosamente saciada quando nos aproximamos da Fonte da Vida e bebemos profundamente de seu Espírito.

Assim como precisamos de água para beber, também precisamos de água para limpar. Eu lavo todos os tipos de coisas em uma semana comum — meus dentes, corpo, cabelo, roupas, filhos, louça, carro, casa — e cada ato de lavagem envolve água. O estado natural das coisas em um mundo caído é a decadência, por isso estou em contínua batalha contra a sujeira. Mas eu tenho a água do meu lado. Poeira, suor, sujeira, migalhas, até mesmo o poderoso feijão cozido e seco, nada tem defesa contra o poder de limpeza de H_2O.

Isso também é usado pelos apóstolos e profetas para retratar a obra do Espírito de Deus. Ele é o Espírito da purificação, uma mangueira de alta pressão que lava as impurezas e renova as pessoas em uma beleza imaculada e sem nódoas. Ezequiel, que fala de forma mais vívida do que qualquer um sobre a sujeira do povo de Deus, apresenta a nova aliança como uma purificação espiritual. No livro de Ezequiel, Deus fala ao profeta para dizer aos israelitas: "Aspergirei água pura sobre vocês e ficarão puros. [...] Porei o meu Espírito em vocês e os levarei a agir segundo os meus decretos e a obedecer fielmente às minhas leis" (Ezequiel 36:25, 27). O próprio Jesus, inspirando-se em Ezequiel, explica que ninguém pode entrar no Reino se não nascer da água e do Espírito (João 3:5), e João Batista fala de Jesus como aquele que batizará (imergirá, mergulhará, encharcará) seu povo no Espírito Santo (Marcos 1:8). Paulo nos lembra de que fomos "lavados [...] no Espírito de nosso Deus" (1Coríntios 6:11) e salvos "pelo lavar regenerador e renovador do Espírito Santo, que [Deus] derramou sobre nós generosamente, por meio de Jesus Cristo, nosso Salvador" (Tito 3:5-6). O Espírito Santo não é apenas aquele que sacia a sede, mas também um purificador da sujeira. E, de diversas formas, ele é água para nossa alma.

E ele é a chuva. Na maioria das sociedades, quando finalmente chove após um longo período de seca, as pessoas celebram porque, finalmente, as colheitas serão ricas e os animais vão se alimentar. (A Inglaterra é uma exceção: chove bastante, mas sempre parecemos nos concentrar em como isso é bom para o jardim.) A água dá vida, não apenas no sentido químico que vimos anteriormente, mas da maneira bem tangível de as chuvas transformarem a paisagem de marrom para verde. Em sua ausência, nada cresce e tudo é poeira. Em sua presença, encontramos vida, saúde, crescimento, abundância, frescor e cor.

Assim é com o Espírito. "Pois derramarei água na terra sedenta, e torrentes na terra seca; derramarei meu Espírito sobre sua prole e minha bênção sobre seus descendentes" (Isaías 44:3). O Espírito vem como a chuva, encharcando, saturando e derramando-se sobre as pessoas, transformando desertos em prados e a morte em vida. O Espírito vem como um rio, fluindo, correndo e revestindo as margens do rio com árvores frutíferas e salgueiros pendentes. Quando o Espírito vem, "águas irromperão no ermo e riachos no deserto. A areia abrasadora se tornará um lago; a terra seca, fontes borbulhantes" (Isaías 35:6-7). A maldição da esterilidade se transforma na bênção da abundância. O terreno árido e vazio se torna um jardim bem regado.

A água é vital. Não haveria vida sem ela. Suas propriedades notáveis fazem com que nosso planeta, como o mingau da história de *Cachinhos Dourados*, não seja muito quente nem muito frio, e nós dependemos dela diariamente para saciar nossa sede, limpar nossa sujeira e cultivar nossas colheitas. No entanto, em cada um desses aspectos, a água é uma mera sombra do Espírito Santo, o Senhor e doador da vida, por meio de quem todas as coisas são criadas, nosso mundo é sustentado e nossa vida é tornada possível, pura e produtiva. "Quem beber desta água terá sede outra vez", explicou Jesus a uma mulher perplexa que estava sentada ao lado de um poço no calor do dia, "mas quem beber da água que eu lhe der nunca mais terá sede. Ao contrário, a água que eu lhe der se tornará nele uma fonte de água a jorrar para a vida eterna" (João 4:13-14).

22

PÃO

O FILHO DE DEUS

Então Jesus declarou: "Eu sou o pão da vida.
Aquele que vem a mim nunca terá fome;
aquele que crê em mim nunca terá sede".
— João 6:35

Nos últimos dez mil anos, a maioria dos seres humanos obteve praticamente todas as suas calorias consumindo um alimento básico. O alimento básico local varia de lugar para lugar; para a maioria de nossos ancestrais, era algum tipo de cereal (trigo, arroz, milho, painço, sorgo) ou uma raiz vegetal (batata, inhame, mandioca, taro, batata-doce), mas praticamente todos tiveram um, com exceção dos caçadores-coletores e dos compradores de supermercado. Aldeias, vilas, cidades e até mesmo civilizações foram construídas em torno de um único elemento básico. Na maioria das gerações, você poderia caminhar por dias a fio sem encontrar uma única pessoa que não tivesse tomado o mesmo café da manhã e ingerido os mesmos almoço e jantar básicos que você. A organização do dia e do ano estava centrada no cultivo de uma única planta, de uma forma que ainda influencia muitas culturas hoje em dia (o que, em parte, justifica por que as crianças em sociedades de arroz passam muito mais tempo na escola a cada ano do que as crianças em sociedades de trigo ou batata, por exemplo).[33] E você dependia inteiramente de apenas uma planta para que sua família sobrevivesse. Se a colheita morresse, você também morria. As refeições eram uma questão de sobrevivência, não de escolha.

Na Eurásia Ocidental, incluindo todas as terras apresentadas na Bíblia, a cultura principal era o trigo: uma planta alta com sementes na parte superior que podem ser colhidas como grãos, moídas em farinha e depois misturadas com água e assadas para fazer pão. O trigo dominava a dieta das pessoas, sua vida social e seus calendários anuais. Quando a primeira colheita de trigo chegava, elas celebravam com um festival; quando o restante da colheita chegava, celebravam outro festival (Levítico 23). O pão era o destaque de cada refeição, a ponto de Deus caracterizar o árduo trabalho agrícola como comer pão pelo "suor do seu rosto" (Gênesis 3:19), e um homem rico como Abraão poderia descrever a morte de um bezerro para seus convidados como trazer "um bocado de pão" (Gênesis 18:5). De certa forma, a palavra bíblica *pão* corresponde mais de perto ao nosso conceito de comida do que ao nosso conceito de pão propriamente dito. Não era apenas uma parte importante de uma refeição, ou mesmo a mais popular, mas a essência de todas as refeições. O pão era a vida.

É difícil compreender isso em nosso mundo de pães artesanais, supermercados e dietas sem glúten. Uma vez que estamos familiarizados com a palavra *pão*, podemos considerar que

---

[33]Essa é uma das muitas conexões feitas em Malcolm Gladwell, *Outliers: the story of success* (Londres: Penguin, 2009).

sabemos o que ela representa quando a encontramos nas Escrituras. Mas, em nosso mundo, o pão é opcional. Meu amigo Sam Allberry aponta que, quando um garçom pergunta se gostaríamos de um pouco de pão na mesa, podemos dizer não, vendo-o apenas como um aperitivo antes de a comida de verdade ser servida, e então projetamos para nossas Bíblias essa mesma abordagem de "pegar ou largar". Portanto, quando Jesus diz: "Eu sou o pão da vida" (João 6:35), respondemos como se ele estivesse nos oferecendo um pedaço de Jesus para a mesa, um aperitivo antes de nos envolvermos nas atividades cotidianas de trabalho, interação social e compras.[34] Ai!

No mundo bíblico, por outro lado, o pão é essencial. É fonte de vida e, sem ele, você morre de fome. Portanto, embora pensemos que é bastante óbvio que "não só de pão viverá o homem" (Deuteronômio 8:3), e até tomamos isso como um convite bíblico para uma dieta variada, o povo de Israel teria pensado o contrário. Para eles, a ideia de que os seres humanos dependiam mais da palavra de Deus do que do pão, o alimento essencial para todos que eles conheciam, era tão estranha que foram necessários quarenta anos de hóstias, semelhantes a sementes de coentro, miraculosamente caindo do céu aberto para que eles entendessem a mensagem.

Assim como o pão era tão essencial, também era altamente comunitário. Em um mundo no qual você precisa de pão para sua família sobreviver, partir o pão com alguém — partir seu pão e dar um pedaço dele a outra pessoa — era um ato significativo de inclusão, e até mesmo de intimidade. Novamente, muitas vezes achamos difícil entender isso. Muitos de nós comemos nosso pão diário em silêncio, retirando apressadamente fatias triangulares de embalagens plásticas enquanto caminhamos

---

[34]Sam Allberry, *Seven myths about singleness* (Wheaton: Crossway, 2019), p. 142.

pelas ruas ou nos sentamos às nossas mesas, ao lado de dezenas de outras pessoas fazendo a mesma coisa, sem nenhum senso de comunidade. Mas, no antigo Israel, partilhar o pão com uma pessoa era recebê-la e aceitá-la, dando-lhe algo muito valioso. Por isso o salmista se sente tão traído quando é atacado por "meu melhor amigo, em quem eu confiava e que partilhava do meu pão" (Salmos 41:9). Convidar alguém para compartilhar seu pão era convidá-lo a fazer parte de sua família.

E, como o pão era essencial e comunitário, comê-lo era um contexto natural para expressar gratidão e consagração a Deus. Partir um pedaço de pão era um lembrete de que Deus lhe concedera provisão mais uma vez, dando-lhe o sol, a chuva, a semente e o crescimento necessários para alimentar sua família. Uma das orações judaicas mais conhecidas expressa isso lindamente: "Bendito és tu, senhor nosso Deus, soberano do universo, que fazes brotar o pão da terra". Se você observar com atenção, notará a mesma coisa acontecendo repetidas vezes no Novo Testamento, especialmente no ministério de Jesus. Quando Jesus se prepara para alimentar os cinco mil, toma os pães, olha para o céu e dá graças a Deus, e depois distribui mais do que o suficiente para todos (Mateus 14:19). Na Última Ceia, ele toma o pão, dá graças e depois o parte e dá aos discípulos (Lucas 22:19). Durante o jantar em Emaús, no fim do Domingo de Páscoa, ele faz a mesma coisa (Lucas 24:30); aparentemente, esse é um hábito tão familiar que os discípulos o reconhecem instantaneamente. Partir o pão é um gesto essencial e comunitário, mas também um ato de gratidão, adoração e ação de graças.

Esperamos que isso nos dê uma ideia da profundidade e da riqueza da extraordinária declaração de Jesus em João 6: "Eu sou o pão da vida". Não se trata de um apelo ao paladar. Jesus não está dizendo que ele é um aperitivo saboroso, ou um acompanhamento, ou uma escolha popular entre as pessoas que gostam de sua espiritualidade nutritiva e recém-saída do forno. Ele está afirmando que é essencial, que dá vida, aquele de quem os seres humanos dependem por inteiro e sem o qual não podemos operar adequadamente. Ele está afirmando ser o maná em pessoa: o Filho de Deus, o presente de Deus, descido do céu para nutrir as pessoas que, caso contrário, morreriam de fome. Ele está dizendo que nossa necessidade de pão — a qual ele está feliz em suprir, tendo acabado de alimentar cinco mil pessoas com uma só refeição (João 6:1-14) — empalidece em comparação com nossa necessidade dele. Se tivermos ouvidos para ouvir, perceberemos que Jesus também está sugerindo que aqueles que "o comem" com fé se tornarão unidos em comunidade ao redor da mesma mesa e encontrarão, ao fazerem isso, o objetivo derradeiro para a gratidão e a adoração ao Deus que faz brotar o Pão da Vida para alimentá-los. Jesus é essencial, como o pão, e ele deseja que compartilhemos nele comunitariamente e com adoração.

Todos esses elementos se unem gloriosamente na Ceia do Senhor. O corpo partido de Jesus é vital para nós. Sem ele e sem a sua morte de sacrifício em nosso favor, morreríamos de fome espiritual tão certamente quanto morreríamos sem pão. Chegamos à Mesa do Senhor como criaturas necessitadas, vazias e dependentes, precisando desesperadamente de uma refeição do céu para nos saciar e fortalecer para os dias que virão — não dignos, como diz o Livro de Oração Comum, de recolher migalhas debaixo da mesa de Deus, mas confiantes de que ele é eternamente o mesmo Senhor, cuja natureza é sempre misericordiosa. Ele nos convida e nós vamos. Ele prepara a mesa e nós celebramos. Se pedirmos ao nosso Pai o pão celestial, ele não nos dará pedra.

Ao mesmo tempo, experimentamos a comunhão no partir do pão: participação com Cristo e unidade uns com os outros, porque todos participamos de um só pão (1Coríntios 10:16-17). Quando partimos o pão que Cristo nos deu e depois o oferecemos uns aos outros, fazemos duas declarações profundas de inclusão. A primeira é que Cristo nos incluiu e nos deu o direito de compartilhar com ele. A segunda é que, com base nisso, incluímos uns aos outros, expressando comunhão, hospitalidade e perdão na refeição comunitária. Quando partilho o pão com você, estou lhe dando (e recebendo) algo de imenso valor, cujo compartilhamento livre comunica o amor de forma tão tangível quanto qualquer outra coisa. Nós nos acolhemos mutuamente, assim como Deus nos acolheu em Cristo.

Enquanto essas duas coisas estão acontecendo, também nos unimos na Eucaristia: o ato de *eucharistia*, de agradecimento a Deus, por sua graça inimaginável de nos prover exatamente aquilo de que precisamos. Recebemos o corpo de Jesus como um presente e bendizemos a Deus por tê-lo dado a nós. Levamos os elementos a sério, mas não com melancolia; nossa adoração se caracteriza por um espírito de gratidão e alegria, assim como um antigo israelita agradeceria a Deus pela dádiva do pão. Pecados são perdoados! A nova aliança está aqui! O corpo de Jesus foi partido por nós na cruz e entregue à família para nos dar vida! Nós nos alimentamos dele em nosso coração, pela fé, com ação de graças.

No fim de João 6, Jesus fez tantas afirmações marcantes, exclusivas e chocantes sobre si mesmo que praticamente todos o abandonaram. As vastas multidões que o seguiam, ainda saciadas com a majestosa refeição que ele havia oferecido na noite anterior, dispersaram-se; aqueles da Judeia que debatiam com ele se sentiram ofendidos e até muitos de seus discípulos o abandonaram. No fim do capítulo, ele pergunta aos Doze se eles também vão deixá-lo. Mas Pedro responde como alguém que compreendeu quão essencial é o Pão da Vida. "Senhor, para quem iremos? Tu tens as palavras de vida eterna" (João 6:68).

Coma isso.

ÁRVORES

A CRUZ DE DEUS

O Deus dos nossos antepassados ressuscitou Jesus,
a quem os senhores mataram, suspendendo-o num madeiro.
— ATOS 5:30

A Bíblia começa com duas árvores e termina com uma. No início, há a árvore da vida (representando obediência e retidão) e a árvore do conhecimento do bem e do mal (representando independência, rebelião e morte). No fim, apenas uma permanece: "a árvore da vida, que frutifica doze vezes por ano, uma por mês. As folhas da árvore servem para a cura das nações" (Apocalipse 22:2). Em algum ponto da história das Escrituras, duas se tornaram uma, e o que é mortal foi absorvido pela vida.

Isso remete à imagem mais curiosa no último capítulo da Bíblia (que está repleto de imagens curiosas). João diz que a árvore da vida está de "cada lado do rio" (v. 2). Mas isso não faz sentido. Você não pode ter uma única árvore dos dois lados de um rio. No máximo, você pode ter uma árvore em uma margem tão grande que seus galhos se estendem até a outra, mas isso não é o que João diz.

A imagem fica ainda mais estranha quando se percebe que João a retirou de Ezequiel 47:12, em cuja passagem (de forma muito mais lógica) existem várias árvores de ambos os lados: "Árvores frutíferas de toda espécie crescerão em ambas as margens do rio". No entanto, por alguma razão, João, de forma deliberada, alterou a imagem para algo que não pode acontecer fisicamente: uma única árvore de ambos os lados de um rio. Em Gênesis, havia duas árvores; em Ezequiel, havia muitas delas. Na nova criação, porém, existe apenas uma. Afinal de contas, o que está acontecendo?

Posso pensar em apenas duas explicações: ou João não percebeu que sua descrição não faz sentido, ou concluiu que a estranheza da imagem é compensada pelo poder do simbolismo — que, em todo o mundo, existe uma árvore, e apenas uma árvore, cujo fruto é suficientemente abundante para alimentar o mundo e cujas folhas são suficientes para curar as nações. Eu acredito que João tem uma árvore em mente, e é aquela que ele encontrou pessoalmente, olhando para ela durante seis terríveis horas que devem ter parecido meses. A árvore do Calvário.

Se isso parece um exagero, considere duas coisas. Primeiro, tanto em hebraico como em grego, a palavra *árvore* não se refere apenas a um organismo vivo com raízes, galhos e folhas. Também se refere àquilo de que esses organismos vivos são feitos: madeira. (Isso também era verdadeiro, por sinal, para a palavra inglesa *tree*, quinhentos anos atrás.) Golias, o giteu, tem uma lança com uma grande *haste* (2Samuel 21:19), mas isso claramente não significa que ele está lançando uma árvore. Quando o vilão de pantomima Hamã decide construir uma *haste* durante a noite para enforcar Mordecai (Ester 5:9-14), é bastante óbvio que ele está construindo não uma árvore, mas uma grande estrutura de madeira. Na língua moderna, fazemos uma clara distinção entre a substância (madeira) e o organismo (árvore), mas nas línguas bíblicas eles não faziam essa distinção, o que significa que as conexões que nos parecem obscuras teriam parecido muito mais claras para eles.

Segundo, embora haja uma palavra grega perfeitamente adequada para cruz (*stauros*), os apóstolos frequentemente falam, em vez disso, árvore (*xylos*). Dado que a crucificação de Jesus está no cerne do evangelho cristão, é surpreendente que a palavra *cruz* não apareça uma única vez em todo o livro de Atos. Em vez disso, os apóstolos proclamam que Jesus foi morto "suspendendo-o num madeiro" (Atos 5:30; 10:39) e que depois "tiraram-no do madeiro e o colocaram num sepulcro" (Atos 13:29). Paulo destaca que Cristo se tornou uma maldição por nós ao ser "pendurado num madeiro" (Gálatas 3:13). Pedro afirma que Jesus "levou em seu corpo os nossos pecados sobre o madeiro" (1Pedro 2:24). Claramente, há algo na crucificação que não é apenas semelhante a uma cruz, mas também a uma árvore.

Parte disso se baseia na lei judaica, que diz que qualquer pessoa que seja pendurada em um madeiro é amaldiçoada por Deus (Deuteronômio 21:23). Para Paulo, isso é crucial, porque mostra que, ao ser crucificado e literalmente pendurado em uma estrutura de madeira, Cristo estava se tornando uma maldição *por nós*. Ele não fez nada que merecesse a morte, mas, mesmo assim, foi pendurado em uma árvore. Portanto, como a lei diz que ele foi amaldiçoado, ele deve ter tomado sobre si nossa maldição e nos libertado disso no processo. Nesse sentido, a cruz é uma árvore: um lugar no qual as maldições são suportadas e satisfeitas.

Essa maldição está, por sua vez, relacionada à sensação de exposição, degradação e humilhação que advém de ser pendurado em um madeiro para que todos vejam. Métodos de execução que fazem isso, seja por empalação, crucificação ou linchamento, são projetados para desumanizar a vítima. Os corpos são deixados pendurados, frequentemente nus, às vezes por dias a fio. Eles se decompõem e são devorados por insetos, à vista de todos. Os espectadores podem ver a humanidade da pessoa em uma espécie de desintegração diante deles. Todo o processo proclama à comunidade: essa é uma pessoa sem valor. Se você não andar na linha, ficará assim.

Nesse sentido, como argumentou James Cone, a cruz pode ser vista como uma árvore de linchamento.[35] Jesus, assim como as cinco mil pessoas negras linchadas nos Estados Unidos entre 1880 e 1940, foi o bode expiatório por um crime que não cometeu, despojado de suas roupas na frente de uma multidão sedenta por sangue, envergonhado, humilhado, cuspido, desfigurado, morto e deixado pendurado lá como um aviso para os outros, a fim de reforçar a supremacia de um grupo poderoso sobre um grupo impotente. Suas roupas, assim como as roupas (e, às vezes, também as partes do corpo) das vítimas de linchamento, foram distribuídas como lembranças para seus assassinos. Tal conexão entre o mundo antigo e o nosso pode deixar-nos desconfortáveis — e deve mesmo deixar! —, mas também pode ajudar-nos a compreender a selvageria desumanizadora de um momento muito familiar. Ele mesmo levou nossos pecados em seu corpo, na árvore.

Ao falar sobre Jesus morrendo em uma árvore, os apóstolos nos ajudam a conectar vários pontos, tanto voltando no tempo até a promulgação da lei judaica como avançando no tempo até o século 21. Mas eles também ressaltam o ponto que João levanta em Apocalipse 22: o arboreto bíblico começa com duas árvores e termina com uma.

Jesus é pregado em uma árvore da morte — a árvore amaldiçoada, a árvore da lei que nos dá o conhecimento do bem e do mal —, mas, ao fazê-lo em nosso lugar, ele a transforma em árvore da vida. A árvore que foi projetada para desumanizar e

---

[35]James Cone, *The cross and the lynching tree* (Maryknoll: Orbis, 2013).

trazer a morte agora nos torna mais vivos do que jamais sonhamos e mais plenamente humanos do que jamais esperamos. Portanto, a cruz não é madeira morta. É uma árvore viva e vivificante, coberta de folhas e enfeitada com frutos, e os frutos surgem em doze variedades a cada mês, e as folhas servem para a cura das nações.

Toda semana, convidamos as pessoas a se aproximarem da árvore da vida. Provar o fruto da amizade com Deus. Receber a cura daquele que carregou a maldição por nós. Comer e beber. E fazer isso em memória dele.

24

TROMBETAS

A VITÓRIA DE DEUS

Eis que eu lhes digo um mistério: Nem todos dormiremos,
mas todos seremos transformados, num momento,
num abrir e fechar de olhos, ao som da última trombeta.
Pois a trombeta soará, os mortos ressuscitarão
incorruptíveis e nós seremos transformados.

— 1Coríntios 15:51-52

Os instrumentos musicais comunicam mais do que imaginamos. Nem sempre conseguimos identificar um instrumento, mas muitas vezes seremos capazes de identificar a sensação, o humor, a atmosfera e até mesmo o significado que ele carrega. Os violoncelos soam assustadores e melancólicos. Os xilofones soam infantis ou engraçados. Os bongôs nos fazem sentir energizados, enquanto as violas nos deixam tristes. Se alguém substituísse toda a música de duduk[36] em *Gladiador* por uma música

---

[36]Duduk, ou oboé armênio, é um instrumento tradicional de sopro de palheta dupla, popular entre os povos cáucasos, do Oriente Médio. (N. R.)

de gaita, o filme seria diferente; cenas trágicas se transformariam em farsas carregadas de ironia, ainda que a melodia permanecesse inalterada. A mesma melodia poderia fazer você sentir que está em três lugares diferentes ou até em séculos diferentes, dependendo de ser tocada em um cravo (em um salão europeu do século 18), em uma flauta (na Escócia medieval) ou em um fliscorne (em um clube de Nova Orleans dos anos 1930).

Mas o instrumento que porta o significado mais profundo ao longo da história humana é, sem dúvida, a trombeta. Nas sociedades em que as opções musicais eram muito mais limitadas do que as nossas, as trombetas poderiam funcionar como uma batida de dança, uma sirene de alerta, um órgão de igreja, uma salva de 21 tiros de canhão ou a trilha sonora de um filme de terror, dependendo do contexto. Se nos limitarmos às Escrituras, eu conto sete significados diferentes que as trombetas podem ter e, quando João descreve uma sequência de sete trombetas em Apocalipse ou quando Paulo fala sobre a transformação instantânea que ocorrerá no último toque de trombeta, é importante ter isso em mente.

Primeiro significado: trombetas estão associadas ao medo. Quando, finalmente, Israel chega ao monte Sinai, tendo sido redimido do Egito e atravessado o Mar Vermelho, eles não estão sentados quietos no chão do deserto, como você pode imaginar a partir da cena final de *O príncipe do Egito*. Eles ficam aterrorizados quando o Senhor desce ao monte em fogo e anuncia sua chegada ao som da trombeta. "Ao amanhecer do terceiro dia houve trovões e raios, uma densa nuvem cobriu o monte, e uma trombeta ressoou fortemente. Todos no acampamento tremeram de medo [...] e o som da trombeta era cada vez mais forte. Então Moisés falou, e a voz de Deus lhe respondeu" (Êxodo 19:16,19). O poder do toque de uma trombeta para provocar medo é bem conhecido, e é por isso que elas têm sido tão frequentemente usadas em guerras. É significativo constatar, entretanto, que na primeira vez que as encontramos na Bíblia elas não sejam tocadas por Israel para gerar terror entre seus inimigos, mas, sim, tocadas por Deus para produzir admiração entre seus amigos. Quase deu muito certo. "Vendo-se o povo diante dos trovões e dos relâmpagos, e do som da trombeta e do monte fumegando, todos tremeram assustados. Ficaram à distância e disseram a Moisés: 'Fala tu mesmo conosco, e ouviremos. Mas que Deus não fale conosco, para que não morramos'" (20:18-19). Observe como Moisés responde: "Não tenham medo! Deus veio prová-los, para que o temor de Deus esteja em vocês e os livre de pecar" (v. 20). O som da trombeta de Deus deve nos fazer curvar em reverência, não nos encolher e nos afastar.

Segundo significado: trombetas simbolizam a liberdade e, em particular para os judeus, o Ano do Jubileu. "Então façam soar a trombeta no décimo dia do sétimo mês; no Dia da Expiação façam soar a trombeta por toda a terra de vocês. Consagrem o quinquagésimo ano e proclamem libertação por toda a terra a todos os seus moradores. Este será um ano de jubileu, quando cada um de vocês voltará para a propriedade da sua família e para o seu próprio clã" (Levítico 25:9-10). Se a trombeta do Sinai soou como um trovão, a trombeta do Jubileu soou como um samba: um convite nacional para uma festa que leva as pessoas às ruas. É uma proclamação de libertação e liberdade, e um motivo particular de celebração entre aqueles que estão escravizados, endividados e presos. Para aqueles que não têm esperança nem lar, o toque da trombeta do Jubileu era o equivalente, na Idade do Bronze, à famosa declaração de Martin Luther King Jr.: "Livre finalmente! Livre finalmente! Graças ao Deus todo-poderoso, eu estou livre finalmente!".

Terceiro significado: trombetas significam batalha, servindo como alarmes que convocam o povo para responder. São antigas sirenes que, tão logo soam, as pessoas interrompem o que estão fazendo, pegam suas armas e se reúnem prontas para a guerra.

Às vezes, elas convocam os soldados para atacar seus opressores. "Quando em sua terra vocês entrarem em guerra contra um adversário que os esteja oprimindo, toquem as cornetas; e o Senhor, o Deus de vocês, se lembrará de vocês e os libertará dos seus inimigos" (Números 10:9). Às vezes, elas chamam para a defesa. "Do lugar de onde ouvirem o som da trombeta, juntem-se a nós ali. Nosso Deus lutará por nós!" (Neemias 4:20). Mas, em ambos os casos, é interessante notar que a trombeta de batalha não apenas reúne as tropas, mas também convoca o auxílio divino; assim como o chifre de Susana em Nárnia e o chifre de Gondor em *O Senhor dos Anéis*, ela não serve apenas como um alarme, mas também como uma oração. A batalha pertence ao Senhor.

Quarto significado: trombetas significam vitória. Isso decorre naturalmente do significado anterior, mas vai muito além dele. As trombetas eram conhecidas no mundo antigo como uma forma de reunir um exército, iniciar uma marcha e intimidar o inimigo. Mas ninguém pensava que as trombetas pudessem vencer batalhas sozinhas. Elas eram importantes por causa do que representavam — soldados e armas, cavalos e carros de guerra —, e não porque tivessem algum poder em si mesmas. Então, você pode imaginar o espanto dos israelitas (para não falar dos cananeus) quando Deus lhes disse que capturariam Jericó com nada além de trombetas e um grito. Mas, "quando soaram as trombetas, o povo gritou. Ao som das trombetas e do forte grito, o muro caiu. Cada um atacou do lugar onde estava, e tomaram a cidade" (Josué 6:20). Gideão fez uma manobra semelhante algumas décadas depois, contra probabilidades igualmente remotas. "Quando as trezentas trombetas soaram, o Senhor fez que em todo o acampamento os homens se voltassem uns contra os outros com as suas espadas" (Juízes 7:22). Uma trombeta dada por Deus conquistará sempre uma cidade feita pelo homem ou por um exército de homens. "Com o teu auxílio posso atacar uma tropa; com o meu Deus posso transpor muralhas" (Salmos 18:29).

Quinto significado: trombetas podem comunicar a paz, o fim das hostilidades entre dois exércitos, como o disparo solene de canhões cerimoniais ou a saudação de vinte e um tiros. (Isso, aparentemente, pode estar em tensão com os pontos anteriores, mas se você pensar sobre isso, é exatamente assim que um apito funciona em muitos esportes: ele inicia a partida, encerra a partida e declara a vitória.) Isso é o que acontece ao fim da batalha de Gibeão, entre os exércitos de Davi e os exércitos de Saul. "Então Joabe tocou a trombeta, e o exército parou de perseguir Israel e de lutar." (2Samuel 2:28). A mesma coisa acontece após a rebelião de Absalão. "A seguir Joabe tocou a trombeta para que o exército parasse de perseguir Israel e assim deteve o exército" (18:16). A guerra pode ter sido perdida ou ganha, mas o toque da trombeta significa que acabou. Shalom é restaurado.

Sexto significado: trombetas estão associadas aos reis e, em particular, ao momento em que um novo rei substitui um antigo. Em várias ocasiões nas Escrituras, um plano, ou um golpe, é frustrado pelo toque da trombeta e pelo anúncio de que as pessoas são leais ao rei legítimo, e não ao pretendente ao trono. Foi assim que Davi garantiu que o reino passasse para seu filho Salomão, e não a Adonias (1Reis 1:34-49). Foi assim que Jeú foi proclamado rei em Israel (2Reis 9:13) e Atalia percebeu que sua tentativa de usurpar o trono, assassinando Joás quando criança, estava em apuros (2Crônicas 23:13) — sua cabeça também acabou em apuros logo depois. As trombetas de coroação causam medo no coração de rebeldes como Atalia e Adonias, de uma forma compreensível, mas, para todos que apoiam o rei legítimo, são motivo de celebração. "Lá estava o rei junto à coluna, como era o costume, e os capitães e o tocadores de trombetas, junto ao rei, e todo o povo da terra se alegrou, e tocavam trombetas" (2Reis 11:14, tradução livre). As trombetas entronizam o verdadeiro rei.

Sétimo significado: trombetas significam celebração. Israel foi ordenado a tocar trombetas "em seus dias festivos" (Números 10:10). Davi e os israelitas "iam celebrando com todo o vigor diante de Deus, ao som de harpas, liras, tamborins, címbalos e trombetas" (1Crônicas 13:8, tradução livre). Nada menos que 120 sacerdotes foram nomeados como trombeteiros, com instruções claras: "Os que tocavam [...] em uníssono louvaram e agradeceram ao SENHOR" (2Crônicas 5:13). Vale a pena ter isso em mente se pertencemos a uma tradição litúrgica em que a música é tranquila e as pessoas, mais tranquilas ainda. Assim são os salmos. "Deus subiu em meio a gritos de alegria; o SENHOR, em meio ao som de trombetas" (Salmos 47:5). "Com cornetas e ao som da trombeta; exultem diante do SENHOR, o Rei!" (Salmos 98:6). "Louvem-no ao som de trombeta, louvem-no com a lira e a harpa" (Salmos 150:3). A celebração bíblica é barulhenta, como convém ao Salvador do mundo, e depende, em grande medida, dos instrumentos na orquestra.

De acordo com Paulo, há uma última trombeta. Ela soa no retorno de Cristo, quando os mortos são ressuscitados e os vivos são levados à sua presença para sempre (1Tessalonicenses 4:16-17), e quando a ouvirmos, todos nós seremos instantaneamente transformados de carne perecível, corruptível e mortal em corpos indestrutíveis e imortais (1Coríntios 15:50-54). O toque da última trombeta trará o temor de Deus. Proclamará finalmente a liberdade para todos que estão escravizados por dívidas ou cativeiros. Anunciará uma batalha que já se transformou em triunfo, trazendo a paz. E fará com que a própria criação grite em celebração, uma vez que a morte é engolida pela vitória. "O sétimo anjo tocou a sua trombeta, e houve fortes vozes nos céus, que diziam: 'O reino do mundo se tornou de nosso Senhor e do seu Cristo, e ele reinará para todo o sempre'" (Apocalipse 11:15).

25

VASOS

O PODER DE DEUS

Mas temos esse tesouro em vasos de barro,
para mostrar que o poder que a tudo excede
provém de Deus, e não de nós.
— 2Coríntios 4:7

Você é um vaso, e eu também sou. Somos muitas outras coisas — filhos, sacerdotes, reis, templos, imagem e semelhança de Deus — e podemos preferir pensar em nós mesmos dessa forma na maior parte do tempo. Mas também somos argila. Recipientes de armazenamento. Vasos de barro.

Essa é uma imagem a que as Escrituras recorrem em várias ocasiões para ensinar muitas coisas diferentes (embora relacionadas entre si). Para começar, uma coisa óbvia: os vasos são feitos. Por mais úteis ou impressionantes que possam ser, eles não são nada sem os oleiros. A menos que um oleiro os molde e modele, eles serão pedaços de barro sem propósito, torrões de lama, adequados para serem pisoteados e não muito mais do que isso. Isso significa que qualquer tentativa de negar sua criação é, como aponta Isaías várias vezes, pura tolice. "Como se fosse possível imaginar que o oleiro é igual ao barro! Acaso o objeto formado pode dizer àquele que o formou: 'Ele não me fez'?" (Isaías 29:16).

Isso, por sua vez, significa que o vaso e o oleiro não estão em pé de igualdade. Vasos não podem criticar ou discutir com oleiros; é apenas por meio da criatividade e da sabedoria do oleiro que eles existem. "Ai daquele que contende com seu Criador, daquele que não passa de um caco entre os cacos no chão. Acaso o barro pode dizer ao oleiro: 'O que você está fazendo?' Será que a obra que você faz pode dizer: 'Você não tem mãos?'" (Isaías 45:9). Os profetas destacam esse ponto em várias ocasiões, explicando que não faz sentido para Israel tentar debater com Deus sobre (digamos) o exílio, como se ambos tivessem perspectivas válidas a compartilhar, e Deus devesse ouvir atentamente todas as queixas e, então, reconhecer que existem falhas de ambos os lados e que a verdade provavelmente está em algum lugar no meio. Não é assim que as coisas funcionam. Vasos e oleiros operam em níveis totalmente diferentes. Portanto, se um vaso, como Israel, está estragado nas mãos do oleiro, e o oleiro decide remodelá-lo em algo diferente, isso depende dele, especialmente se essa decisão for, em primeiro lugar, uma resposta ao pecado de Israel (Jeremias 18:1-11; Romanos 9:21-23).

Os vasos também são muito comuns. Isso teria sido óbvio para os leitores da antiguidade, mas provavelmente não é assim tão claro para nós, já que não armazenamos mais coisas em vasos de barro, ou, quando o fazemos, é porque eles parecem antigos, são obras de arte ou artesanato, e não por guardarem coisas de maneira barata e conveniente. Atualmente, o equivalente não são aqueles elegantes vasos de barro, cheios de enfeites e detalhes decorativos que você vê nas vitrines de lojas de decoração, mas aquela caixa de papelão no sótão ou aquele pote de plástico

plástico que você usa para armazenar o arroz que sobrou na geladeira. (Esse sentido mundano da palavra é preservado em inglês por termos como *tin-pot*, que significa "sem importância", ou *going to pot*, que significa "em declínio"). Os vasos [ou potes] são coisas normais, do dia a dia, comuns. Eles são notáveis não pelo que são em si mesmos, mas pelo que carregam.

E isso, para Paulo, é fonte de enorme encorajamento. "Mas temos esse tesouro em vasos de barro", explica ele, "para mostrar que o poder que a tudo excede provém de Deus, e não de nós" (2Coríntios 4:7). Pode parecer depreciativo falar sobre nós, seres humanos que portam a imagem divina, como se fôssemos vasos de barro, potinhos de plásticos ou caixas de papelão. Mas é uma das analogias mais cheias de esperança nas Escrituras como um todo, porque mostra que, embora sejamos vasos despretensiosos e nada excepcionais — e se formos honestos em relação a nós mesmos, sabemos que somos —, nossa vida e nossos ministérios adquirem significado eterno pelo valor supremo do tesouro que carregamos.

Se eu ficar no cais esta tarde, observando os guindastes levantarem aqueles enormes contêineres de metal dos navios para os caminhões, não tenho ideia se eles contêm isopor ou safiras. Não posso julgar seu valor simplesmente olhando para eles de fora; seu valor é inteiramente determinado por seu conteúdo. E, se eles estiverem cheios de safiras, terão um valor incalculável, mesmo que pareçam idênticos a todos os outros contêineres de metal, e mesmo que (como muitos de nós) tenham visto dias melhores e tenham sido danificados durante o transporte. Da mesma forma, nós temos um tesouro extraordinário — nesse contexto, a "iluminação do conhecimento da glória de Deus na face de Cristo" (2Coríntios 4:6) — em terracota comum, para que todos saibam de onde realmente vem a glória. Minha normalidade frágil e desgastada faz o brilho de Cristo brilhar ainda mais. Deus guarda diamantes em recipientes de barro e joias em vasos.

Outra coisa que temos em comum com vasos de barro, como observa Paulo nesta mesma passagem, é nossa fragilidade: "De todos os lados somos pressionados, mas não desanimados; ficamos perplexos, mas não desesperados; somos perseguidos, mas não abandonados; abatidos, mas não destruídos. Trazemos sempre em nosso corpo o morrer de Jesus, para que a vida de Jesus também seja revelada em nosso corpo" (v. 8-10). Somos seres vulneráveis, não apenas fisicamente, mas mental, emocional e espiritualmente. (Não é coincidência que sejamos apresentados como vasos de barro no livro da Bíblia que mais se concentra no tema da fraqueza.) O tesouro que carregamos é indestrutível, poderoso, eterno e glorioso, mas os recipientes em que o carregamos são frágeis demais. Reconhecer que somos vasos talvez não nos torne menos propensos a quebrar, mas nos deixará menos surpresos quando isso acontecer e mais inclinados a confiar que o poder de Deus será demonstrado no processo. Quando quebramos, ele se manifesta.

Mas ele também nos cura. Ele toma os fragmentos de cerâmica de nossa vida e os reconstitui, como o mestre oleiro que ele é, em um todo que é mais bonito do que teria sido se nunca tivesse sido danificado. Na tradicional arte japonesa do *kintsugi*, ou "emenda de ouro", os artesãos usam laca para reparar cerâmica quebrada, o que faz com que o produto final pareça ter sido revestido de ouro. Nas mãos do oleiro, o vaso quebrado e agora restaurado se torna mais ornado e valioso do que era antes, precisamente em suas fragilidades e por meio delas.[37] Deus, segundo Paulo, faz o mesmo conosco: ele toma a própria fragilidade que nos faz quebrar e a transforma em uma oportunidade para mostrar sua arte restauradora e seu poder salvador. "Minha graça é suficiente a você, pois o meu poder se aperfeiçoa na fraqueza" (2Coríntios 12:9).

---

[37]Devo esse ponto a Glenn Packiam, *Blessed, broken, given: how your story becomes sacred in the hands of Jesus* (New York: Multnomah, 2019), p. 92.

Isso nos leva a um *looping*, de volta a Isaías. Vistos de uma perspectiva, os vasos são básicos, comuns e frágeis. Mas, vistos de outra perspectiva, eles são feitos à mão, moldados e modelados com extremo cuidado por um oleiro que se deleita neles. São formados, apreciados e até mesmo estimados por seu criador, e recebem o privilégio de carregar um tesouro inestimável. E é com base nisso que Isaías clama por misericórdia para Israel: "escondeste de nós o teu rosto e nos deixaste perecer por causa das nossas iniquidades. Contudo, SENHOR, tu és o nosso Pai. Nós somos o barro; tu és o oleiro. Todos nós somos obra das tuas mãos" (Isaías 64:7-8). Tu nos criaste, então, por favor, salva-nos. Que as mãos que nos formaram agora nos restaurem!

Recipientes passam por muitas coisas. Antes de usá-los, uma caixa de papelão é transformada em polpa, um contêiner de aço é moldado por uma fornalha, um frasco de vidro é derretido e soprado, e um vaso de barro é girado sobre uma roda. Mesmo depois de tudo isso, eles não existem realmente para si mesmos, mas apenas para carregar outra coisa. No entanto, em nosso caso, essa coisa é mais valiosa do que podemos imaginar, um peso de glória que faz com que todas as nossas aflições pareçam poeira na balança. E, mesmo nessas aflições, enquanto somos moldados, girados, quebrados e refeitos, estamos seguros nas poderosas mãos do Oleiro.

26

FRUTOS

A BONDADE DE DEUS

*Mas o fruto do Espírito é amor, alegria, paz, paciência,
amabilidade, bondade, fidelidade, mansidão e domínio próprio.
Contra essas coisas não há lei.*
— GÁLATAS 5:22-23

Existem nove frutos mencionados nas Escrituras, e a maioria não é composta por aqueles em que naturalmente pensamos. Dois deles não parecem frutos de jeito nenhum, já que não são doces, suculentos, azedos ou refrescantes. Dois deles, embora sejam familiares no mundo moderno, são mencionados apenas uma vez na Bíblia. Três deles, suponho, pareceriam um pouco exóticos para alguns de nós e seriam mais comumente encontrados em um bolo do Oriente Médio do que em uma salada de frutas ocidental. Os dois restantes são aqueles em que naturalmente pensaríamos como frutos: verdes, doces, suculentos e agora encontrados em todo o mundo, como frutas comestíveis ou em bebidas alcoólicas, sucos e refrigerantes. A maioria dos itens na minha fruteira em casa — bananas, laranjas, limões — não é mencionada em lugar algum, embora isso não os impeça de encontrar o caminho para os calendários cristãos e panos de prato com o tema do fruto do Espírito. Então, quantos dos nove você consegue citar? (Para os pedantes, amêndoas e pistache não contam.)

O fato de Deus ter criado frutas, espalhando-as tão abundantemente pela terra, nos diz muito a seu respeito. As frutas são cheias de suculência, doçura, abundância e vida — como o Deus que criou morangos poderia ser algo diferente de muito bom? —, e o primeiro capítulo das Escrituras está repleto delas. Quais são as primeiras coisas vivas que Deus cria? "Plantas que dão sementes de acordo com as suas espécies, e árvores cujos frutos produzem sementes de acordo com as suas espécies" (Gênesis 1:12). Qual é o primeiro mandamento que Deus dá à humanidade? "Sejam férteis e multipliquem-se!" (v. 28). Qual é o primeiro presente dele para nós? "Eis que dou a vocês todas as plantas que nascem em toda a terra e produzem sementes, e todas as árvores que dão frutos com sementes" (v. 29). Podemos associar as frutas à queda do homem, mas o Gênesis as apresenta como um presente de Deus.

Em um nível geral, o fruto está associado à bênção. Repetidas vezes, especialmente em Gênesis, Deus abençoa as pessoas declarando que elas serão frutíferas, o que significa que se reproduzirão, crescerão, prosperarão e trarão vida e renovação ao mundo ao seu redor. Uma das doze tribos de Israel tem o nome de Efraim, que significa "fecundo". O Messias, Deus promete, será um Ramo que dará frutos (Isaías 11:1). Israel em si, como nação, é retratada como "a vinha frutífera" que "terá botões e flores e encherá o mundo de frutos" (Isaías 27:2,6). Jesus promete aos seus discípulos que, permanecendo nele, daremos muitos frutos e eles durarão (João 15:5,16). Ao lermos as cartas de Paulo, descobrimos que isso acontece por meio do evangelho de Cristo e da obra do Espírito em nós; e, uma vez que "venhamos a dar fruto para Deus" (Romanos 7:4), produzimos "o fruto da luz [...] em toda a bondade, justiça e verdade" (Efésios 5:9), e vemos o evangelho "produzindo fruto e crescendo em todo o mundo" (Colossenses 1:6, tradução livre).

No entanto, Deus não criou apenas as frutas em geral; ele criou frutas específicas com uma miríade de sabores e cores. Damascos. Mirtilos. Ameixas. Cerejas. Meu jardim no quintal, apesar de minha incompetência com hortas e da total falta de esforço, produz ameixas-verdes, figos, amoras, maçãs e peras, e todas essas frutas têm aparências diferentes, sabores diferentes e amadurecem em estações e intensidades diferentes. A diversidade de frutas que Deus criou é surpreendente, e não é acidental. Cada uma delas contribui de forma ligeiramente diferente para o mundo, e nós podemos ver isso mesmo que nos limitemos às nove mencionadas nas Escrituras.

Por exemplo, as romãs são o fruto do amor. O lugar mais óbvio para ver isso está no Cântico dos Cânticos, em que a imagética é altamente erótica (4:3,13; 6:7,11; 7:12; 8:2). "Se as romãs estão em flor; ali eu darei a você o meu amor [...] Eu daria a você vinho aromatizado para beber, o néctar das minhas romãs" (7:12; 8:2). Mas elas aparecem com mais frequência na decoração do tabernáculo e do templo. Na frente da casa de Deus em Jerusalém, por exemplo, havia duas colunas gigantescas, e no topo de cada uma delas havia "correntes entrelaçadas", enfeitadas com romãs (2Crônicas 3:16). Uma vez que os adoradores se aproximavam da presença de Deus, seus olhos se voltavam para cima e, no ponto mais alto — onde poderíamos esperar um símbolo de poder, como um leão, ou até mesmo um símbolo de medo, como uma gárgula —, eles viam um belo colar coberto com o fruto do amor. "Se as romãs estão em flor; ali eu darei a você o meu amor."

As azeitonas são o fruto da alegria. O azeite de oliva faz nossos rostos brilharem (Salmos 104:15). Algumas vezes, é simplesmente chamado de "óleo de alegria" (Salmos 45:7; Isaías 61:3), pronto para ser derramado sobre as cabeças de sacerdotes, reis e até mesmo sobre Jesus. O salmista celebra que ele é "como uma oliveira que floresce na casa de Deus" (Salmos 52:8) e fala da vida de bênção como tendo filhos "como brotos de oliveira ao redor da sua mesa" (Salmos 128:3). Deus promete que ele plantará "no deserto o cedro, a acácia, a murta e a oliveira" (Isaías 41:19) e que Israel "se regozijará no SENHOR e no Santo de Israel se gloriará" (v. 16). A celebração mais barulhenta em todo o Novo Testamento, quando "toda a multidão dos discípulos começou a louvar a Deus alegremente e em alta voz, por todos os milagres que tinham visto" (para grande aborrecimento dos fariseus), acontece quando Jesus desce do monte das Oliveiras (Lucas 19:37).

As uvas são o fruto da paz. Vinhedos levam um tempo excessivamente longo para crescer, então um dos efeitos da hostilidade e das invasões frequentes em um país, especialmente quando acompanhadas de táticas de corte e queima, é que não há uvas. Em contraste, a chegada da colheita de uvas é um sinal de que Israel está vivendo em *shalom*, em paz e harmonia com Deus e seus vizinhos, com os vinhedos produtivos e tranquilos. Essa é uma das razões pelas quais os profetas retratam a futura era de paz como aquela em que as encostas das colinas estão cobertas de vinhas e fluindo com vinho, com as uvas crescendo tão rapidamente que os agricultores não conseguem acompanhá-las. "'Dias virão', declara o SENHOR, 'em que a ceifa continuará até o tempo de arar, e o pisar das uvas até o tempo de semear. Vinho novo gotejará dos montes e fluirá de todas as colinas'" (Amós 9:13). Quando os céus e a terra forem renovados e o povo de Deus viver em paz e segurança para sempre, "construirão casas e nelas habitarão; plantarão vinhas e comerão do seu fruto" (Isaías 65:21).

Tâmaras são a recompensa pela paciência. Ouvimos mais nas Escrituras sobre tamareiras (ou palmeiras) do que sobre o próprio fruto. Mas, sempre que ouvimos falar de uma delas, a mensagem parece ser que coisas boas vêm para aqueles que esperam. Após quatrocentos anos de escravidão, uma travessia aterrorizante pelo mar e uma longa jornada com muito pouco alimento ou água, o primeiro acampamento de Israel é em Elim, cercado por doze fontes e setenta tamareiras (Êxodo 15:27).[38] Jericó, a cidade das tamareiras (Deuteronômio 34:3), finalmente cai após uma semana de marcha em círculos, esperando que o Senhor derrubasse as muralhas. No Cântico dos Cânticos, após sete capítulos de poesia romântica, o amante compara sua amada a uma palmeira que ele espera escalar, e seus seios, a um cacho de tâmaras; novamente, coisas boas vêm para aqueles que esperam (Cânticos 7:8). Talvez por isso os dois eventos mais esperados da história — a primeira e a segunda vinda de Jesus — são ambos celebrados com o agitar de ramos de palmeira por pessoas que têm sido pacientes durante a tribulação por muito tempo (João 12:13; Apocalipse 7:9).

Os figos são o fruto da bondade (e/ou da maldade). Em uma linguagem moderna, falamos sobre uma maçã podre ou algumas maçãs ruins em um cesto. No antigo Israel, não era a maçã, mas o figo, que servia de mote para descrever o bem maduro e suculento ou o mal podre e esmagado. Jeremias 24 utiliza um cesto de figos como uma parábola profética: dentro de Judá, há alguns figos muito bons, e Deus "olhar[á] favoravelmente para eles" (v. 6), ao lado de alguns figos muito ruins, que ele banirá e destruirá. Da mesma forma, Jesus utiliza os figos para destacar que bons frutos apenas podem crescer em

---

[38]A combinação de doze e setenta aqui também é significativa. Há doze tribos de Israel e setenta nações de gentios (Gênesis 10), doze fontes e setenta tamareiras, doze apóstolos e setenta discípulos enviados em missão (Mateus 10; Lucas 10). Como tal, a palmeira (em hebraico, tâmara) também pode representar os gentios, como Tamar em Gênesis 38, e a enorme multidão multiétnica que agita os ramos de palmeira em Apocalipse 7.

boas árvores, enquanto árvores ruins inevitavelmente produzi-rão o oposto (Lucas 6:44), e seu irmão mais novo, Tiago, afirma o mesmo (Tiago 3:12).

As frutas silvestres destacam a fidelidade de Deus. Muitas das plantas nessa lista exigem cultivo, ou pelo menos plantio, para ser verdadeiramente frutíferas. As frutas silvestres crescem natural-mente. Elas estão lá, brotando e espalhando-se em cercas vivas e moitas, quer as pessoas queiram, quer não, testemunhando a confiabilidade e a constância de Deus, independentemente de nossos esforços. Elas aparecem apenas uma vez nas Escrituras, ilustrando que, quando Deus bate em uma árvore para remover seus frutos, sempre há algumas frutas silvestres deixadas nos galhos do topo (Isaías 17:6). Portanto, mesmo quando Deus traz julgamento, há esperança de que uma nova vida seja possível, por causa da fidelidade de Deus.

As maçãs são frutos da gentileza ou das palavras certas, ditas da maneira certa e no momento certo. Um texto que mos-tra isso é Provérbios 25:11: "Como maçãs de ouro em bandejas de prata, assim é a palavra dita a seu tempo". Mas elas também são comparadas ao refresco que precisamos quando estamos doentes (Cântico dos Cânticos 2:5) ou à sombra acolhedora e ao deleite doce que experimentamos na presença do ser amado (v. 3) (veja também Cânticos 7:8).

Melões e pepinos nos fazem lembrar da necessidade de autocontrole. Os pepinos aparecem no contexto de advertências a Judá contra a exploração dos pobres (Isaías 1:8) ou a adoração de ídolos (Jeremias 10:5). De forma ainda mais infeliz, não muito tempo após a fuga do Egito, os israelitas se cansam do maná que Deus estava providenciando milagrosamente e começam a ansiar pelas iguarias e guloseimas da terra na qual estavam escravizados. "Nós nos lembramos dos peixes que comíamos de graça no Egito, e também dos pepinos, das melancias, dos alhos--porós, das cebolas e dos alhos" (Números 11:5). É uma queixa estranha, mas estranhamente assustadora. Ela reflete nossa luta contra o pecado, expondo o poder dos desejos carnais — seja por melões, pepinos, dinheiro, sexo ou qualquer outra coisa — para distorcer a realidade e fazer as pessoas sentirem que a escravidão com melões e pepinos seria melhor do que a liberdade sem eles. Há um aviso poderoso nisso: ou praticamos o autocontrole, ou somos controlados por outra coisa.

Se você está familiarizado com Gálatas 5, já deve ter entendido a ideia. Os frutos da Palavra correspondem ao fruto do Espírito.[39] Você provavelmente também deve ter notado que não falei nada sobre a bondade, o fruto que fica no meio dos outros nove frutos da lista de Paulo. Isso foi totalmente intencional, não porque nenhum dos frutos que Deus fez demonstre sua bondade, mas porque todos o fazem.

Apenas considere a bondade de um Deus que cria framboesas. A suavidade que derrete na boca, o suco vermelho brilhante, a doçura agridoce, a maneira que elas formam uma guirlanda no topo de uma *pavlova* — tudo isso de um Deus que não as come. A maioria das frutas do mundo não cresce em Israel. Logo, mesmo quando ele se fez carne, Deus nunca provou nectarinas ou bolo de ameixa. As delícias de pêssegos, lichias e goiabas eram desconhecidas para Jesus, seus apóstolos ou mesmo para as próximas gerações de crentes. (Às vezes eu me pergunto: quem foi o primeiro discípulo de Jesus a provar manga? Eles caíram de joelhos e adoraram a Deus quando o fizeram?) Levaria vários séculos até que um cristão visse um abacaxi e, presumivelmente, desse boas risadas, sem mencionar a ideia de prová-lo. No entanto, embora nem Deus nem seu povo escolhido alguma vez os comessem, ele espalhou frutos como

---

[39]Eu deveria esclarecer que não acredito que Paulo, ou qualquer outra pessoa nas Escrituras, estivesse tentando fazer essa conexão de forma explícita ou exclusiva. Dito isso, acredito que as semelhanças se mantêm a contento.

este por todo o mundo por milhares de anos, de acordo com suas espécies e de acordo com sua bondade.

Deus traz frutos ao mundo aonde quer que ele vá. Da mesma forma, por meio do seu Espírito, nós também o fazemos.

VÍRUS

O PROBLEMA DE DEUS

*Pois nele foram criadas todas
as coisas nos céus e na terra,
as visíveis e as invisíveis.*
— Colossenses 1:16

Não costumo ver as coisas do ponto de vista do vírus.

Com praticamente todas as criaturas que conheço, tenho momentos em que as considero seres vivos por direito próprio. Isso é verdade até mesmo em relação àquelas de que realmente não gosto: vespas, aranhas, urtigas, mosquitos e até mesmo gatos. Reconheço que essas criaturas têm algum tipo de propósito em suas ações, embora, com frequência, em conflito com o meu, e que fazem todas aquelas coisas repugnantes apenas porque isso as ajuda a alcançar algo importante para si. Um mosquito pica as pessoas para se alimentar. Uma vespa pica porque se sente ameaçada. Um gato fica se exibindo com um ar superior no rosto porque alguém tem de diminuir os seres humanos — e pode muito bem ser ele. Se eu tentar, posso ver o mundo, mesmo que apenas temporariamente, do ponto de vista desses seres.

Mas, quando se trata de vírus, considero isso quase impossível. Provavelmente existem boas razões para isso. Eles são incrivelmente pequenos e invisíveis. Eles não podem se replicar a menos que estejam dentro das células de outro ser. Ainda não tenho certeza completa do que são. Mas, no que me diz respeito, eles são um subconjunto de mim, ou uma experiência que tenho, e não uma criatura com qualquer agência própria. Quando espirro, nunca reflito sobre o fato de que estou ajudando o vírus a se reproduzir em outros organismos ao projetá-lo a vários metros de distância (ou, mais comumente, que estou frustrando seus planos de reprodução ao cobrir minha boca com as mãos). Nunca considerei que a razão pela qual vomito seja porque um vírus está tentando atingir outras criaturas e/ou sua fonte de água, nem que a raiva seja o resultado de um vírus particularmente diabólico que não apenas infecta cães, mas também os induz, em seguida, a morder outras criaturas, de modo que se espalha ainda mais. Para mim, um vírus é mais uma experiência que eu sofro — seja um desconforto, uma doença, um dia de folga no trabalho ou até mesmo um *lockdown* nacional — em vez de uma entidade separada.

Isso também significa que raramente compreendo o drama da forma que meu corpo responde a isso. Quando estou com febre, vejo-a como um sintoma da infecção, e não como a declaração de guerra do meu corpo contra invasores indesejados e saqueadores, uma vez que, inconscientemente, me aqueço para matá-los antes de eles me matarem. Falho em apreciar a maravilha dos anticorpos, que, ao derrotarem um vírus específico uma vez (e isso é verdade para muitos dos grandes vilões, incluindo varíola, rubéola, sarampo e caxumba), garantem que nunca mais eu precise temê-lo. Enquanto isso, digo aos meus filhos que o AAS infantil os fará melhorar, embora tenha uma vaga consciência de que isso não acontecerá; apenas os fará se sentirem um pouco mais confortáveis, enquanto o sistema imunológico deles faz o verdadeiro trabalho de caçar os micróbios ofensivos e mostrar quem manda. Não é algo sobre o que costumo refletir, mas, sempre que fico doente, é uma guerra. Eu quero me sentir melhor, o que significa matar o vírus. O vírus quer se reproduzir, o que (se não for controlado) pode significar a minha morte. É uma luta até a morte, homem contra micróbio, vírus contra vírus, e que vença o melhor!

Se você nunca pensou muito sobre esse assunto, como eu não havia pensado até recentemente, pode achá-lo biologicamente interessante. Mas também é teologicamente perturbador. Isso significa que vírus como varíola, hepatite, febre amarela, HIV e Covid-19, que mataram milhões de pessoas ao longo dos séculos, não são apenas doenças, infecções ou pessoas ficando doentes e morrendo; são criaturas, feitas e sustentadas pelo Deus Todo-Poderoso, que sabe que eles matarão milhões de pessoas (sem mencionar os animais) e, mesmo assim, os cria. Há cerca de 1×10^{31} deles na Terra hoje em dia — se você os alinhasse, eles se estenderiam por cem milhões de anos-luz — e muitos deles tornam a vida das pessoas miserável.[40] Um deles, no momento em que escrevo, parou grande parte do mundo. Alguns cobrem crianças de feridas dolorosas e, por fim, as matam. Alguns passam de mulheres grávidas para seus bebês ainda não nascidos. No entanto, lá estão todos eles, e cada um deles é sustentado pela palavra do poder de Deus. Poucas coisas na criação expressam o problema do mal de forma mais aguda do que o vírus.

Muitos dos nossos mecanismos de defesa teológica são impotentes contra isso. "O sofrimento existe porque os seres humanos têm livre vontade", mas não está claro por que os vírus seriam

---

[40]"Microbiology by numbers", *Nature Reviews Microbiology* 9 (2011): 628.

necessários para a liberdade humana, e parece certo que, de qualquer maneira, os vírus existiam antes dos seres humanos. "O sofrimento existe porque existem leis físicas, que são necessárias para a vida", mas as leis físicas poderiam, em tese, existir sem a varíola. "O sofrimento existe para aprimorar nossa alma e nos preparar para a eternidade", mas as infecções virais afetam de forma desproporcional os jovens, pobres e vulneráveis, enquanto aqueles que (segundo as Escrituras) frequentemente precisariam de mais trabalho espiritual, como os ricos e poderosos, muitas vezes escapam quase ilesos. "Deus nunca quis que houvesse sofrimento", mas ele continua a sustentar trilhões de vírus todos os dias, e nenhum deles pode se replicar a menos que esteja dentro da célula de outra criatura. "O sofrimento é consequência do nosso pecado", mas é difícil aceitar isso quando um bebê pode contrair HIV ainda no útero. Não há muitas objeções teológicas que resistam tanto ao nossos remédios apologéticos usuais quanto esta.

Dito isso, o lado positivo dessa história também é verdadeiro. Se pudermos responder adequadamente ao problema dos vírus, então nossa resposta também servirá como uma resposta apropriada ao problema do mal e do sofrimento de forma mais geral. Se soubermos o que fazer com os vírus, estaremos imunes a todos os tipos de ataque.

Portanto, a pergunta é: como um Deus todo-poderoso e todo-amoroso poderia criar os vírus, que somente podem sobreviver afligindo outras criaturas? (Isso é verdade para todos os predadores, é claro, mas nossa experiência com os vírus torna a questão mais aguda.) E a resposta — embora você não vá gostar dela — pode ser expressa em três palavras curtas, frustrantes, mas tremendamente importantes: nós não sabemos.

Esse tipo de conclusão pode fazer alguém jogar um livro pela sala. Provavelmente, era o que eu teria feito se tivesse ouvido isso quando me tornei cristão. Mas, depois de pastorear por quinze anos, ler muito sobre a história da igreja, pregar sermões e escrever livros sobre o problema do mal, e criar uma filha com transtorno desintegrativo da infância, realmente acredito que essa é a melhor e mais honesta resposta bíblica ao problema do sofrimento. É uma resposta que você encontra em escritores da Igreja Ortodoxa Oriental e das Igreja Católica Romana, Anglicana, Reformada e Pentecostal.[41] Mais importante ainda: é também uma resposta que você encontra em livros bíblicos como Jó e Eclesiastes. Por que as pessoas sofrem? Simplesmente não sabemos. Por que há o mal? Não fazemos ideia. E é melhor admitir isso do que tentar adivinhar, e muito menos (como os consoladores de Jó) impor nossa suposição aos nossos amigos enlutados, afligidos e infestados de furúnculos.

Isso não nega que as Escrituras ofereçam muitos recursos para nos ajudar. Elas identificam os dois aspectos fundamentais do mal — pecado e morte — e nos mostram tanto o início como o fim deles. Elas insistem, repetida e obstinadamente, que o mundo não será sempre assim. Desmascaram respostas fáceis — especialmente as religiosas! — e reduzem as opções até que não tenhamos alternativa senão esperar em Cristo. Centram-se em um evangelho no qual Deus vence o pecado e a morte na crucificação e na ressurreição de seu Filho. Elas nos contam inúmeras histórias de pessoas que sofreram muito mais do que nós, mas que, mesmo assim, se apegaram a Deus. Elas terminam com uma visão de um mundo no qual todo mal desapareceu. No entanto,

---

[41]Entre os livros que tratam disso de maneira particularmente boa ou completa estão: David Bentley Hart, *The doors of the sea*; C. S. Lewis, *The problem of pain* [No Brasil: *O problema da dor* (Rio de Janeiro: Thomas Nelson Brasil, 2021)]; Fleming Rutledge, The crucixion [No Brasil: *A crucificação* (Rio de Janeiro: Thomas Nelson Brasil, 2023); Alvin Plantinga, *God, freedom and evil*; Tim Keller, *Walking with God through pain and suffering* [No Brasil: *Caminhando com Deus em meio à dor e ao sofrimento* (São Paulo: Vida Nova, 2016)]; e, talvez mais poderosamente, Fiódor Dostoiévski, *The brothers Karamazov* [No Brasil *Os irmãos Karamázov* (São Paulo: Editora 34, 2013)].

apesar de tudo isso, elas nunca nos dão uma resposta direta à nossa pergunta mais urgente e perturbadora, e às vezes repreendem aqueles que a pedem.

Tampouco se nega que possamos encontrar razões moralmente satisfatórias para algum sofrimento. Escolhas humanas, leis físicas, o aprimoramento de nossa alma, as consequências do pecado: tudo isso pode explicar parte da dor que experimentamos em alguns momentos. Mas nada disso pode explicar tudo, o tempo todo. Não importa quanto tempo eu pense sobre isso, e não importa quantas vezes meus filhos me perguntem, simplesmente não consigo pensar em uma boa razão para Deus criar o coronavírus, e é muito provável que nunca consiga. E está tudo bem.

Mas isso não significa que não exista tal razão. Se Deus é onisciente e eu não sou, há todo tipo de coisas que eu esperaria que Deus soubesse e fizesse que eu não posso compreender. Digo simplesmente que sou ignorante no que diz respeito a essa razão. E viver com essa ignorância pode ser algo perturbador e às vezes profundamente angustiante, especialmente quando o sofrimento nos atinge de forma pessoal. Mas perguntas, paradoxos e mistérios fazem parte da essência do cristianismo. Há um limite para a medida que as criaturas conseguem compreender o Criador. A ignorância está embutida.

E a fé envolve reconhecer essa ignorância, confiar em Deus em meio à nossa confusão e encontrar esperança no fato de que um dia "ele enxugará dos seus olhos toda lágrima. Não haverá mais morte, nem tristeza, nem choro, nem dor, pois a antiga ordem já passou" (Apocalipse 21:4).

28

CIDADES

O REINO DE DEUS

Pois não temos aqui nenhuma cidade permanente,
mas buscamos a que há de vir.
— HEBREUS 13:14

Escondida no meio de Isaías, cercada por oráculos de julgamento que os cristãos modernos acham difíceis de ler, está uma história de duas cidades.

Uma está desolada. Ela está estranhamente vazia, como em um filme pós-apocalíptico. As pessoas que permanecem são descritas como definhadas, murchas e ressequidas. A poeira sopra pelas ruas em ruínas; os edifícios estão fechados com tábuas e desmoronando, e "a cidade vã está em ruínas; a entrada de cada casa está fechada" (Isaías 24:10). Música e risos foram substituídos por luto e suspiros. Não há vinho, canção ou qualquer sinal de felicidade. "Toda a alegria chegou ao fim, toda celebração foi eliminada da terra. A cidade foi deixada em ruínas, sua porta feita em pedaços" (v. 11-12). É um pesadelo.

A outra cidade é gloriosa. Nela, o próprio Deus age como os muros da cidade, garantindo que os pobres tenham uma fortaleza para protegê-los e que os necessitados tenham "abrigo contra a tempestade e sombra contra o calor" (25:4). Essa cidade está repleta de canções de alegria: "Temos uma cidade forte; Deus estabelece a salvação como muros e trincheiras" (26:1). Em contraste com os edifícios selados e fechados com tábuas da cidade devastada, as portas da cidade forte estão sempre abertas para que os justos possam entrar nela à vontade. O isolamento e a solidão se tornaram comunidade e celebração. O vinho e a música estão de volta, juntamente com um banquete que pode apenas figurar no campo da imaginação. As lágrimas e a vergonha foram apagadas. A morte e a desolação deram lugar a uma vida de ressurreição. Em contraste com a cidade em ruínas, que estava murcha e estéril, a cidade forte é comparada a uma bela vinha que primeiro florescerá e depois "encherá o mundo de frutos" (27:6). Os piores dos tempos se tornaram os melhores dos tempos.

Você pode entender por que as cidades têm sido frequentemente usadas para retratar o contraste entre adoração e idolatria, entre servir ao Deus que criou você e ser servido pelos deuses que você mesmo fez. (Agostinho, o maior filósofo-teólogo da história, escreveu sua maior obra contrastando a cidade do homem com a cidade de Deus, e *O peregrino*, de John Bunyan, faz a mesma coisa na forma de uma história.) As cidades são para as culturas o que o café expresso é para o café americano. Simplesmente por concentrarem um grande número de pessoas em um só lugar, as cidades condensam a sociedade humana e a exageram, tornando muito mais fácil ver seus vícios e virtudes. Os pontos fortes de uma civilização — suas realizações artísticas, intelectuais, culturais, sociais e militares — quase certamente estarão concentrados nas cidades. Por outro lado, também estão suas fraquezas, divisões, injustiças e pecados.

Estou escrevendo isso em um café em Londres, e é o tipo de café no qual vendem cacau vegano e leite de aveia, e tudo vem com tahine (seja lá o que isso for) ou abacate amassado. Há mesas espalhadas pelas ruas, que são cercadas por vendedores de flores, açougues orgânicos, lojas de cerveja artesanal e restaurantes em que (novamente) tudo é servido com tahine ou abacate amassado. Há um grande parque urbano a dois minutos a pé daqui e uma deslumbrante área residencial privada ainda mais perto do que isso. Toda a área parece espaçosa, arborizada, prestigiada e rica.

Mas, se caminhar algumas centenas de metros daqui, você se vê rapidamente cercado por carência social e inadequação habitacional. Você percebe o abuso de substâncias e a falta de moradia. O lixo não foi recolhido. As pichações substituem as flores. As pessoas trabalham em três empregos para conseguir o equivalente a um bom salário, em vez de um emprego para conseguir o equivalente a três. E então, se você continuar caminhando por mais algumas centenas de metros, reaparecerá em outra área nobre cercada por mais cafés servindo tahine ou abacate amassado. Em Londres, essa estranha justaposição parece tão familiar que já não me choca mais. Porém, quando vejo o mesmo fenômeno em outros lugares — na Cidade do Cabo, Washington, D.C., ou Istambul —, muitas vezes sou pego de surpresa. As cidades, como os seres humanos, são uma mistura intrigante de criatividade, brutalidade, egoísmo, altruísmo, riqueza, pobreza, esperança e desespero. Uma cidade apresenta à sociedade seu próprio rosto sem disfarces, e o retrato nem sempre é favorável.

Em nenhum lugar da literatura esse ponto é exposto de maneira mais vívida do que nas Escrituras. Isaías 24—27, com sua cidade em ruínas e sua cidade forte, é apenas um dos numerosos exemplos. Gênesis compara Babel e Betel: uma cidade em que a terra tentou alcançar o céu com uma torre, e uma cidade em que o céu desceu à terra com uma escada. A maioria das cidades em Gênesis representa rebeldia contra Deus — Enoque, Babel, Sodoma, Siquém —, mas elas são contrastadas com a cidade que tem os alicerces que Abraão esperava, cujo arquiteto não é um tirano humano em um exercício de egocentrismo, mas o próprio Deus (Hebreus 11:10). A clássica história de duas cidades é a de Jerusalém *versus* Babilônia: o lugar da habitação de Deus e da alegria de toda a terra *versus* o centro de idolatria, imoralidade, injustiça e imperialismo. (Vale a pena notar que Apocalipse 18 apresenta a Babilônia como um lugar de comércio, riqueza e poder mundano, e não de pobreza e privação, por isso seus equivalentes modernos quase certamente estariam vendendo tahine e abacate amassado. Os apóstolos e profetas não são tão gentis quanto gostaríamos que fossem.)

No entanto, o contraste urbano fundamental nas Escrituras não é entre uma cidade terrena e outra, mas entre todas as cidades terrenas, sejam passadas, presentes ou futuras, e a cidade celestial que está por vir. Uma das coisas mais surpreendentes que Jesus já disse, do ponto de vista de um judeu do primeiro século, foi que Jerusalém enfrentaria o mesmo destino de outras cidades imperiais: seria invadida, destruída e julgada por suas más ações (Mateus 23:37—24:28). Quarenta anos depois de ele ter dito isso, foi exatamente o que aconteceu. Os romanos arrasaram o templo e o incendiaram, e Jerusalém seguiu o caminho de Babilônia, Nínive e Tiro. Nenhuma cidade construída por mãos humanas, nem mesmo a cidade de Davi, poderia exibir plenamente a glória de Deus.

Todas as cidades estão centradas em algo. No mundo antigo, o centro era, em geral, um templo do deus local. No mundo moderno, os deuses ainda estão presentes, mas os templos mudaram de aparência; agora parecem arranha-céus, edifícios governamentais, *outdoors* ou praças públicas. Em algumas cidades, a divindade local é identificada instantaneamente, como em Meca, Moscou ou Manhattan. Em outras, é mais ambíguo: minha cidade gira em torno de Ares, o deus da guerra (desde Westminster até Trafalgar Square), Eros, o deus do sexo (de Piccadilly Circus a Soho) e Mamom, o deus das posses (de Bank a Bishopsgate). Aonde quer que você vá, o(s) deus(es) urbano(s) reflete(m) o bem maior da cidade, que, por sua vez, reflete o bem maior da civilização. Mas não há cidade na terra — nem Jerusalém, Constantinopla ou Roma — que seja inequivocamente devotada a adorar o Deus verdadeiro e somente a ele.

Até o momento.

Mas haverá. Os apóstolos foram claros a esse respeito. Há uma cidade que Abraão procurava, cujo arquiteto e edificador é Deus (Hebreus 11:10). Há uma Jerusalém no alto, que é livre, e ela é nossa mãe (Gálatas 4:26). Há uma Jerusalém celestial, a cidade do Deus vivo, repleta de anjos adoradores e da assembleia dos primogênitos (Hebreus 12:22-23). Há uma nova Jerusalém, uma cidade que desce dos céus, da parte de Deus, como uma noiva adornada para seu marido (Apocalipse 21:2). Suas portas são feitas de pérolas; seus muros, de pedras preciosas; suas ruas, de ouro puro, como vidro; e ela tem um rio de cristal que flui do trono de Deus e do Cordeiro. Nada impuro jamais entra nela, e suas portas estão sempre abertas. É um cubo gigantesco, com doze mil estádios em cada direção, metade do tamanho dos Estados Unidos e atingindo 280 vezes a altura do monte Everest. E ela é tão habitada pelo Deus vivo que não tem um templo; ela é um templo (Apocalipse 21:9—22:5).

Na Nova Jerusalém, todas as características malignas da sua cidade e da minha são removidas. Todas as suas características boas — Sultanahmet, Table Mountain, a Piazza San Pietro, Chinatown, o Louvre, o Central Park — são amplificadas. Ela está repleta de arte sem idolatria, abundância sem ganância e paz sem injustiça. Há música, vinho, risos e comida de rua. Os idosos sentam-se em suas varandas ao anoitecer, e meninos e meninas brincam nas ruas (Zacarias 8:4-5). E o melhor de tudo: ela não está centrada em um parque urbano ou monumento ou arranha-céu, nem mesmo em uma catedral ou um templo, mas em um trono. Deus está bem no meio dela, e ela jamais será abalada.

Buscamos a cidade que está por vir.

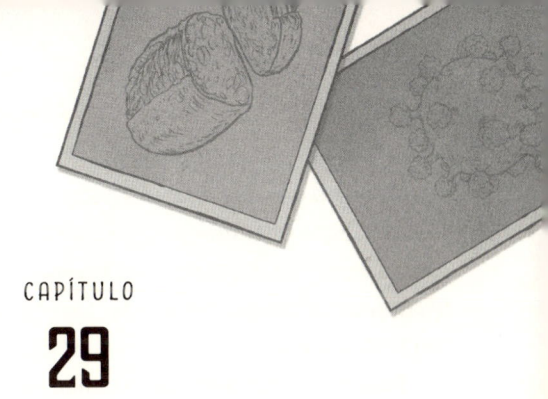

29

LUZ

O ESPLENDOR DE DEUS

Deus é luz; nele não há treva alguma.
— 1João 1:5

É um dia claro e frio de fevereiro, e o sol já nasceu há duas horas. À minha frente, há uma fileira de árvores nuas que parecem quase douradas ao sol. Atrás delas, o céu de inverno parece ter sido pintado com uma mistura de cinza e azul. A grama apresenta um verde exuberante, mas está generosamente repleta de folhas alaranjadas e marrons que estão lá desde novembro. Em frente à linha das árvores, há um pequeno lago cujas cores mudam a cada poucos segundos, e as aves que dele bebem têm penas de um preto e um branco intensos, como um tabuleiro de xadrez. À minha esquerda, está uma grande nuvem acinzentada que brilha de uma forma que seria ameaçadora se não estivesse se afastando de mim. Quando olho para trás, vejo pombos no chão, ocupados vasculhando a vegetação rasteira; eles também têm a cor cinza, mas de uma forma muito mais profunda e ousada, e salpicados por pontos de azul, verde-mar e roxo. E atrás de mim, a leste, está a fonte de todo esse brilho, cuja força aumenta a cada minuto. Tenho de proteger os olhos para não olhar diretamente para ele — o sol ainda está baixo no céu —, mas, na extensão que consigo ver, parece quase branco.

A luz é tão comum que posso me esquecer de quão surpreendente ela é. Em certo sentido, não posso vê-la de forma alguma; posso ver pássaros e lagoas, árvores e nuvens, roxos e laranjas, mas a luz em si não é algo que eu possa enxergar. Mesmo quando olho para uma fonte de luz — uma lâmpada ou o fogo —, o que posso ver não é a luz, mas o filamento ou a chama de cores vívidas. Existe um sentido em que a luz, por mais estranho que pareça, é invisível.

Contudo, em outro sentido, não consigo ver nada, *exceto* a luz. Sem iluminação, os objetos não são visíveis para mim, muito menos suas cores. Coloque-me dentro de um armário escuro e, não importa quão intensos sejam os tons de azul e amarelo dos papagaios desfilando à minha frente, tudo o que verei é a cor preta. A luz, embora de certa forma invisível por si só, é a fonte de toda visibilidade.

Há algo profundamente misterioso aqui, assim como acontece com Deus, cujas primeiras palavras — e eu não acredito que isso seja uma coincidência — foram: "Haja luz". Tudo o que já foi visto foi criado por aquele que nunca foi visto. O Credo Niceno começa com: "Creio em Deus, Pai Todo-Poderoso, Criador do céu e da terra, e de todas as coisas visíveis e invisíveis". Apenas porque Deus criou o mundo é que existe algo para ser visto e somente porque Deus criou a luz é que há um meio de ver tudo isso. No entanto, quando olhamos para a fonte de toda essa luminosidade, ficamos cegos por seu brilho e incapazes de olhar para ele. Paulo, uma das poucas pessoas na história a ver o Cristo ressuscitado (perdendo a visão no processo), ainda assim afirmou claramente que você não pode ver Deus, o

Pai, "o Rei dos reis e Senhor dos senhores, o único que é imortal e habita em luz inacessível, a quem ninguém viu nem pode ver" (1Timóteo 6:15-16).

Se pararmos para pensarmos sobre a luz, ainda que por um breve momento, os mistérios rapidamente se multiplicam. A maior parte do espectro de luz é invisível para nós, seja porque suas ondas são muito longas (ondas de rádio, micro-ondas, infravermelho) ou muito curtas (ultravioleta, raios X, raios gama). Pode acontecer apenas comigo, mas não consigo entender como os sinais de telefones celulares, a luz visível, as micro-ondas e a radiação nuclear são basicamente o mesmo tipo de coisa; apenas têm tamanhos diferentes. Mais intrigante ainda é que os cientistas discutiram, durante séculos, se a luz era uma partícula (como pensava Newton) ou uma onda (como pensava Maxwell) e agora concluíram que se trata de ambas. Pensar nisso por mais de alguns minutos faz minha cabeça girar.

A luz, segundo meu ponto de vista, é comparável ao tempo: eu compreendo o que é até que alguém me questione, momento em que me sinto completamente perdido.[42] É algo paradoxal, intangível e essencial. Múltipla e, ainda assim, una. Parte em todo lugar e parte em lugar nenhum. Iluminando tudo, mas iluminada por nada. Fundamental para a vida, o conhecimento, a beleza e a experiência humana, mas, ao mesmo tempo, indescritível, inefável e incompreensível. Desconcertante para um especialista, mas — louvado seja Deus — algo óbvio para uma criança.

A escuridão, por outro lado, não tem existência própria. Não é uma coisa; é a ausência de uma coisa que, instantaneamente, desaparece com a chegada da luz. Considere o lugar mais escuro que você possa imaginar: uma caverna a várias centenas

---

[42]Agostinho, *Confissões* 11.

de metros abaixo da terra, o interior de uma gaveta, o canto mais recôndito de sua pantufa preta. Agora, imagine introduzir a fonte de luz mais fraca possível: um vaga-lume, uma brasa, a tela de um celular antigo. Quem vence: a escuridão ou a luz? Essa pergunta se responde sozinha. A escuridão mais profunda é impotente até mesmo contra a luz mais tênue.

Aliás, considero essa uma forma útil de pensar na bondade de Deus e no problema do mal. Às vezes falamos como se o bem e o mal fossem opostos, com o bem puxando para um lado em um cabo de guerra cósmico e o mal puxando para o outro, e a pequena bandeira no meio movendo-se para a esquerda e para a direita. Mas a diferença entre o bem e o mal não é uma luta de ida e volta entre concorrentes em posições opostas. É mais como a diferença entre a luz e as trevas ou entre o ser e o nada. O mal não tem existência própria, assim como a escuridão; é apenas a ausência de algo bom, como uma sombra ou um buraco na meia. Portanto, quando a luz da bondade de Deus brilha, não há negociação, nem cabo de guerra ou luta com os poderes das trevas. O mal foge. A mentira é expulsa pela luz da verdade. A morte é banida pela luz da vida.

Deus é luz pura, brilhante, eterna, e não há nele nenhuma escuridão. Por isso a história do cosmo começa com a palavra de Deus rompendo a escuridão: "Luz!". Por isso encontramos Deus resgatando seu povo, repetidas vezes, sendo uma luz na escuridão: enviando uma tocha ardente à noite para Abraão, fazendo o sol parar para Josué, dando vitória a Gideão com trezentas lâmpadas, liderando Israel para fora do Egito em uma coluna de fogo e destruindo seus inimigos ao nascer do sol, na manhã seguinte.

Por isso aqueles que olham para Deus têm rostos radiantes (Salmos 34:5). Por isso, Jesus, transfigurado diante dos discípulos, tem um rosto que brilha como o sol ao meio-dia e roupas tão brancas quanto a luz. Por isso os anjos, mensageiros de Deus, também são deslumbrantes. Por isso o próprio sol será redundante na nova criação, pois ela será iluminada pela glória de Deus e pelo esplendor do Cordeiro (Apocalipse 21:23). Por isso Jesus disse que ele é a luz do mundo (João 8:12) e depois prometeu que seus seguidores também seriam. Por isso é melhor sairmos de debaixo da cama e começarmos a iluminar o mundo com nossas lâmpadas de fogo (Mateus 5:14-16). Por isso Isaías, antecipando o nascimento de Jesus, previu que as pessoas que caminham na escuridão veriam uma grande luz (Isaías 9:2). Simeão, segurando um recém-nascido em suas mãos idosas, alegrou-se porque a luz agora estava aqui para que ele pudesse morrer feliz (Lucas 2:29-32). "Estava chegando ao mundo a verdadeira luz, que ilumina todos os homens" (João 1:9).

Há um lado sombrio em tudo isso. Os salmistas clamam na escuridão, chorando em seus travesseiros à noite. As trevas são o tempo do segredo, da embriaguez, da imoralidade e da ira, o que significa que os cristãos devem estar vigilantes e despertos (Efésios 5:8-14). O julgamento vem como um ladrão durante a noite. O anjo da morte ataca à meia-noite. O exército assírio é destruído à noite. O mesmo acontece com o povo de Sodoma. O mesmo acontece com os midianitas. Sempre que compartilhamos a Ceia do Senhor, lembramo-nos da noite em que Jesus foi traído. No momento em que Judas sai, temos uma das linhas mais sombrias em um dos evangelhos: "E era noite" (João 13:30). Tudo isso significa que, quando ouvimos o grito de desolação vindo da cruz, "Meu Deus! Meu Deus! Por que me abandonaste?" (Mateus 27:46), e vemos que o céu escureceu ao meio-dia por três horas, nós entendemos. Reconhecemos o horror cósmico do que está acontecendo enquanto todas as nossas trevas, nossas perversões e pesadelos, nossos segredos e mentiras aglomeram-se na Luz do mundo como uma horda demoníaca, até às três da tarde, em um grito final: a luz se apaga. Nenhuma noite é mais sombria do que a noite da morte.

Nenhum lugar na terra é mais escuro do que uma caverna com uma pedra cobrindo a entrada.

Mas também significa que, quando vemos um grupo de mulheres caminhando a leste na penumbra de uma manhã de domingo, e depois o sol começa a surgir além do horizonte, despertando os pássaros e lançando um leve brilho amarelado sobre a vegetação rasteira, podemos fazer uma boa suposição sobre o que acontecerá em seguida. "Nele estava a vida, e a vida era a luz dos homens. A luz brilha nas trevas, e as trevas não a venceram" (João 1:4-5).

Isso é brilhante.

ROUPAS

A REVELAÇÃO DE DEUS

Voltei-me para ver quem falava comigo. Voltando-me,
vi sete candelabros de ouro e entre os candelabros alguém
"semelhante a um filho de homem",
com uma veste que chegava aos seus pés
e um cinturão de ouro ao redor do peito.
— Apocalipse 1:12-13

Os contadores de histórias sabem que eventos dramáticos, especialmente aqueles que têm muitos personagens, podem ser difíceis de acompanhar. Portanto, para ajudar suas plateias a entenderem a trama, eles frequentemente dão pistas simbólicas aos personagens principais sobre sua identidade. Nos desenhos animados, os vilões fazem caretas e falam com vozes roucas ou ofegantes, enquanto os heróis sorriem e têm vozes confiantes. Nos filmes, uma música com um som grave anuncia a chegada de uma pessoa perigosa, enquanto personagens cômicos aparecem com melodias mais animadas. Nas peças de teatro, a pista simbólica pode ser um figurino. Nos poemas épicos, pode ser um adjetivo ("Aquiles de pés velozes"). Nos livros infantis, muitas vezes são características físicas; nos livros de Enid Blyton que eu lia quando criança, os vilões sempre pareciam ter lábios finos e olhos azuis gelados.

Nas Escrituras, com frequência você pode dizer muito sobre os personagens olhando para suas roupas. Talvez isso pareça estranho, mas, se você parar por um instante, provavelmente conseguirá pensar em exemplos. José e seu manto de muitas cores. Seu pai, Jacó, enganando seu irmão, Esaú, em relação à sua bênção em um jogo de disfarce. Os sacerdotes no tabernáculo com suas vestes meticulosamente prescritas de ouro, azul, roxo e escarlate. O rei Salomão em todo o seu esplendor. Os amantes no Cântico dos Cânticos. João Batista vestido com pele de camelo e um cinto de couro, revelando que ele é o novo Elias, o profeta indômito que confrontará o rei ímpio e ungirá um novo. As roupas revelam os personagens.

No entanto, em nenhum lugar isso fica mais claro do que nos livros de 1 e 2Samuel. Quando encontramos Golias, ele está coberto da cabeça aos pés com uma armadura escamosa, o que o faz parecer uma serpente ou até mesmo um dragão. Por isso, quando deparamos com o acusador serpentino morto, com a cabeça esmagada pelo rei ungido, não ficamos particularmente surpresos. Quando encontramos Samuel, ele é apresentado como "vestindo uma túnica de linho" (1Samuel 2:18). Imediatamente, sabemos que ele desempenhará um papel semelhante ao de um sacerdote.

Logo depois disso, ouvimos que "sua mãe fazia uma pequena túnica e a levava para ele, quando subia a Siló com o marido para oferecer o sacrifício anual" (v. 19). A túnica de Samuel passará a representar sua autoridade profética ao longo do livro e se tornará uma parte importante da trama. É essa túnica que Saul rasga acidentalmente, simbolizando que seu reino será arrancado dele e dado a Davi (15:27-28). Ela até mesmo aparece depois que Samuel morre. Quando a médium de En-Dor fez Samuel subir, a pedido de Saul, este reconhece aquele, pois a figura invocada "veste um manto" (28:14).

Da mesma forma, Saul também tem uma túnica que passa a simbolizar sua autoridade real (ou a falta dela). Em um dos momentos mais dramáticos da história, Davi se recusa a matar Saul enquanto ele está indo ao banheiro. Em vez disso, corta um pedaço da túnica dele (24:4-5). À primeira vista, isso parece um ato de bondade, já que Davi poupa o homem que está tentando matá-lo. Mas, como leitores, sabemos que há mais acontecendo aqui. O reino de Saul realmente será cortado e dado a Davi, mas essa trama não acaba aí. Por fim, a nação inteira será dividida, como uma vestimenta, em doze pedaços (1Reis 11:30-32).

Parte do simbolismo é mais ambíguo. Quando Jônatas tira suas roupas externas e sua armadura, dando-as a Davi (1Samuel 18:4), sabemos que ele está renunciando muito mais do que às suas roupas: ele está entregando sua posição como herdeiro do trono ao seu amigo. Mas isso nos faz questionar: a mesma coisa está acontecendo naquela famosa cena em que Saul faz Davi experimentar sua armadura? As Bíblias infantis transformam isso em uma história sobre uma criança experimentando roupas que são grandes demais para ela, mas a história sugere alguns outros contrastes. Saul usa as mesmas armas que o campeão dos filisteus, enquanto Davi usa armas completamente diferentes. Saul se parece com os reis das nações; Davi, com um pastor. Saul, sem perceber, se despojou da realeza e a deu a Davi (embora se passem quinze capítulos antes de o reino mudar de mãos). Davi, por sua vez, recusou o modo de agir de Saul e escolheu lutar em nome do Senhor dos Exércitos.

Depois, há aqueles momentos estranhos em que os reis tiram a roupa. Saul fica nu enquanto profetiza e permanece nu dia e noite (19:24), como que para demonstrar que enlouqueceu e foi abandonado por Deus. Mais tarde, ele tira seu traje real e, como o Rei Lear, de Shakespeare, disfarça-se de outra pessoa (28:8). Sem sua unção profética e seu poder real, sabemos que é apenas uma questão de tempo até que ele perca a vida. Quando isso acontece e a notícia chega a Davi, podemos prever o que está por vir; o mensageiro chega "com as roupas rasgadas e terra na cabeça" (2Samuel 1:2).

Todos esses protagonistas participam de um ensaio geral para outro rei de Israel que combinará o manto de um profeta, o éfode de um sacerdote e a armadura de um rei. Jesus, como Samuel, terá roupas que representam autoridade divina, e até mesmo o poder de curar doenças incuráveis (Mateus 14:35-36). Como Jônatas, ele tirará suas vestes exteriores para equipar, servir e até mesmo lavar os pés de seus amigos (João 13:3-4). Como Davi, ele será vestido de forma cômica para se parecer com os reis das nações antes de sair para lutar sozinho, despojado e desarmado, como um pastor. Como Saul, ele será despojado nu, como se estivesse demonstrando o abandono de Deus, e morrerá na batalha contra o inimigo. Mas, no terceiro dia, ele ressuscitará, deixando para trás uma pilha de roupas dobradas com cuidado. Da próxima vez que ouvirmos sobre sua vestimenta, ele estará "com uma veste que chegava aos seus pés e um cinturão de ouro ao redor do peito" (Apocalipse 1:13).

Curiosamente, o manto de Jesus naquele dia nunca é descrito como branco. Muitos de nós imaginam Jesus retornando em vestes brancas, porque parece ser a cor que o triunfante Filho de Deus usaria. No entanto, o livro de Apocalipse não diz isso. Em vez disso, descreve as vestes de Jesus como "tingidas de sangue", seja o sangue dele, o nosso ou o de seus inimigos (Apocalipse 19:13).

Ao mesmo tempo, João insiste que as pessoas que usam vestes brancas são, na verdade, a igreja — pura e imaculada e livre de nódoas — como uma noiva lindamente vestida para seu esposo (Apocalipse 3:5,18; 6:11; 7:9; 21:2). Nossas roupas imundas foram substituídas por roupas limpas (Zacarias 3:1-5) e, em Cristo, nosso caráter é tão limpo quanto nossas roupas. Em uma gloriosa troca de vestimentas, o sacrifício de Jesus fez suas vestes vermelhas como carmesim. Mas tornou as nossas brancas.

É grande o meu prazer no Senhor!
Regozija-se a minha alma em meu Deus!
Pois ele me vestiu com as vestes da salvação
e sobre mim pôs o manto da justiça,
qual noivo que adorna a cabeça como um sacerdote,
qual noiva que se enfeita com joias.
— Isaías 61:10

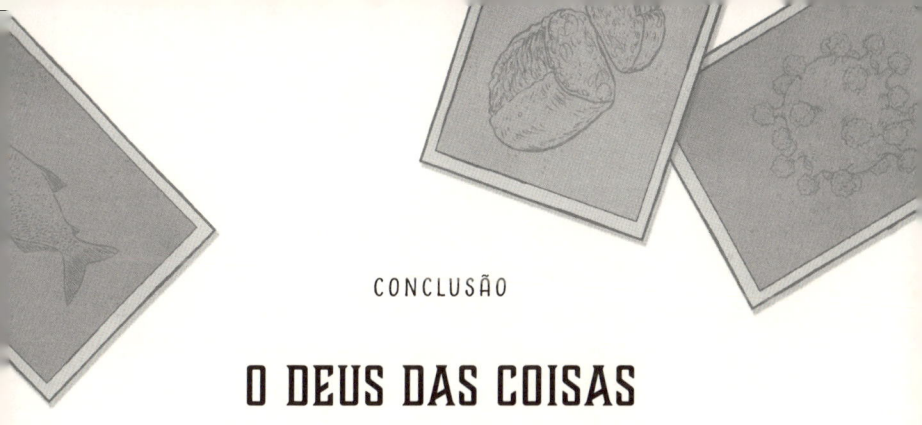

CONCLUSÃO

O DEUS DAS COISAS

Ó profundidade da riqueza da sabedoria
e do conhecimento de Deus!
Quão insondáveis são os seus juízos
e inescrutáveis os seus caminhos!
"Quem conheceu a mente do Senhor?
Ou quem foi seu conselheiro?"
"Quem primeiro lhe deu,
para que ele o recompense?"
Pois dele, por ele e para ele são todas as coisas.
A ele seja a glória para sempre! Amém.
— ROMANOS 11:33-36

Hoje é um dia comum. O sol nasceu antes de eu acordar, espalhando uma luz suave pelo jardim e fazendo as gotas deixadas pela chuva de ontem brilharem na grama. Se o ângulo estiver certo, é possível encontrar pequenos arcos-íris em algumas delas. Há uma brisa suave e, por vezes, uma rajada de vento faz com que as flores caiam das árvores e se acumulem nas pedras ao lado da figueira. A visibilidade está boa, então posso ver as colinas ao longe. Esta tarde, levaremos as crianças até lá, para nossa caminhada diária: o isolamento imposto pelo coronavírus significa que temos uma hora de exercício por dia, e as crianças adoram ver as ovelhas com seus cordeiros, as vacas com seus chifres, os campos cobertos de flores silvestres, levando até o farol Belle Tout e, atrás dele, o mar.

Agora já está no meio da manhã. Eu me vesti e tomei meu café da manhã cedo, mas minha filha ainda está na cama, aproveitando o fato de que as escolas estão fechadas. Meus filhos estão preparando um *smoothie* — com frutas vermelhas, bananas, aveia, mel e leite de amêndoas, segundo me disseram — e mais tarde vão almoçar, o que quase certamente envolverá pão, salame e um pouco de sal. Rachel está removendo o pó com uma ferramenta, um processo que, em circunstâncias normais, chamamos de aspiração. Percebo que, das trinta coisas que discutimos neste livro, já interagi com pelo menos 25 delas, mesmo que tenha estado acordado por apenas algumas horas e não tenha saído de casa. As únicas que tenho quase certeza de que não vou encontrar hoje são jumentos e terremotos, e possivelmente trombetas. (Não pergunte.)

Adoramos o Deus das coisas. O cosmo está repleto delas: coisas do dia a dia, comuns, cotidianas, monótonas, ordinárias. Às vezes elas nos encantam, outras vezes nos irritam e, outras vezes ainda, passam despercebidas. Mas, seja silenciosamente ou de forma estridente, sempre apontam persistentemente para além de si mesmas, para o Deus que fez as coisas físicas. Tudo na criação nos diz algo sobre nosso Criador.

Paulo, ao concluir seu argumento teológico mais longo (Romanos 9—11) e sua mais rica doxologia (Romanos 11:33-36), maravilha-se com o fato de que Deus é aquele de quem, por meio de quem e para quem são todas as coisas. Todas as coisas existem por causa dele: existem por sua sabedoria, em decorrência de seu trabalho criativo e para sua glória. Todas as coisas são por meio dele: são sustentadas pelo poder de sua palavra e mantidas em suas poderosas mãos. Todas as coisas são para ele: elas ecoam em seu louvor, levando as pessoas a sempre perguntar como Deus deve ser, já que ele fez nebulosas, jade, peixes-papagaios e cogumelos. A intenção de Paulo é principalmente destacar a universalidade do domínio de Deus, a extensão de sua sabedoria e tranquilizar seus leitores de que, se Deus fez algo que eles não entendem, o problema está em sua limitação, e não em Deus. Mas, ao fazer isso, Paulo nos deu uma motivação maravilhosa para servirmos de exegetas da criação, com nossa imaginação impregnada das Escrituras, explorando as coisas de Deus para encontrar o Deus das coisas.

Por enquanto, a criação está repleta de sinalização. "Que toda a humanidade é como a relva, e toda a sua glória como a flor da relva" (Isaías 40:6). "Todas as minhas fontes estão em ti" (Salmos 87:7, tradução livre). "Tu és a minha lâmpada, ó Senhor!" (2Samuel 22:29). "Porque ele será como o fogo do ourives e como o sabão do lavandeiro" (Malaquias 3:2). "Os seus muros você chamará salvação, e as suas portas, louvor" (Isaías 60:18). "A tua vara e o teu cajado me protegem" (Salmos 23:4). Um dos meus sonhos ao escrever este livro era que você, dirigindo para o trabalho, amamentando uma criança ou fazendo uma pausa para o almoço, pudesse olhar ao seu redor e ver razões para adorar que não tinha notado antes.

Mas está chegando o dia em que a sinalização não será mais necessária, porque a realidade estará aqui. Conheceremos plenamente, assim como somos plenamente conhecidos. E naquele dia — o dia para o qual, como Paulo nos diz anteriormente nessa carta, a própria criação está gemendo em dores de parto (Romanos 8:22) — as coisas de Deus deixarão de apontar e começarão a louvar. "Os montes e colinas irromperão em canto diante de vocês, e todas as árvores do campo baterão palmas" (Isaías 55:12). "Batam palmas os rios, e juntos cantem de alegria os montes" (Salmos 98:8). "As pedras clamarão" (Lucas 19:40). As coisas de Deus cantarão ao Rei dos Reis e ao Deus das coisas, de quem, por meio de quem e para quem elas existem.

Nós também.

Este livro foi impresso pela Vozes, em 2025, para a
Thomas Nelson Brasil. A fonte do miolo é Noto Serif.
O papel do miolo é avena 80g/m².